POLYGLOTT on tour

Polnische Ostseeküste

Danzig

Tomasz Torbus

Special

Allgemeines

Städtebeschreibungen

Ein Meisterstück polnischer Restauratorenkunst mit der größten historischen Backsteinkirche der Welt. Aber auch die schönsten Bernsteinerzeugnisse und das berühmte »Goldwasser« erwarten den Besucher.

Szczecin wartet mit interessanten Gebäuden wie der Hakenterrasse, dem Loitzhof sowie der Peter-und-Paul-Kirche auf.

Die sympathische Universitätsstadt lädt zu einem Bummel durch alte Straßen auf den Spuren des Mittelalters ein.

Touren

Tour 1 – Zu den Steilküsten der Stettiner Bucht

Seite 57

Baden und sonnen an breiten Sandstränden, wandern im Nationalpark, nach Bernstein suchen – für Abwechslung ist hier gesorgt!

Tour 2 – Von Junkern und Kartoffeln

Seite 60

Architektonische Meisterwerke und die wandernde Sanddüne bei Łeba versprechen ein abwechslungsreiches Programm.

Tour 3 – Die Kaschubische Schweiz

Seite 68

In herrlicher Landschaft lernt man die Kultur der Kaschuben kennen, ihre Holzarchitektur ebenso wie Musik, Tanz und Kunsthandwerk.

Tour 4 – Rund um die größte Burg Europas

Seite 71

Die Pelpliner Abteikirche und kunstvolle Vorlaubenhäuser entzücken Architekturliebhaber – doch die Krönung dieser Tour ist die Marienburg, Europas mächtigste Burganlage.

Tour 5 Das Ermland

Seite 78

Auf dem Oberländischen Kanal geht es per Schiff über Land. Architektonische Höhepunkte: Frauenburg und Heilsberg.

Tour 6 Vorindustrielles Masuren

Seite 85

Eine Landschaft wie aus dem Bilderbuch: glasklare Flüsse, riesige und winzige Seen, Wälder und hübsche kleine Dörfchen.

Tour 7 Seen und Burgen

Seite 94

Es geht ins Kulmerland, die Wiege des Deutschen Ordens. Die wunderschöne Landschaft um die oberländischen Seen ist ein Dorado für aktive Naturfreunde.

Bildnachweis

APA Publications/ Jerry Dennis: 60; creativ collection, Freiburg: 8/9 (Fond); Ralf Freyer: 1, 5, 6/7 (Fond), 10/11 (Fond), 11, 15, 31, 35, 37, 41, 44, 45, 59-1, 59-2, 61, 62, 63, 70-1, 91, 97-1, 97-2, 98-1, Umschlagrückseite (oben u. unten); Nicole Häusler: 2-2, 25-1, 25-2, 36, 43, 48, 50, 64-1, 64-2, 65, 69, 71, 76, 79-2, 80-2, 81, 98-2; Kai-Ulrich Müller: 13; Martin H. Petrich: 2-1, 18, 26, 52, 55-1, 72-1, 72-2, 73, 79-1, 87, 95; Thomas Stankiewicz: 6, 7, 8, 9, 10, 27, 29, 57, 70-2, 84-2, 86-1, 86-2; Tomasz Torbus: 14, 34, 46, 55-2, 56, 80-1, 84-1, 89, 92; Titelbild: Bildagentur Huber/ R. Schmid.

KĄT41

Genau 524 km lang ist die Küstenlinie Polens, die 70 km langen Ufer der schmalen Putziger Nehrung (półwysep Helski) mitgerechnet. Vor allem im August und Anfang September garantieren Polens Strände – bei entsprechender Wetterlage – Bade- und Sonnenspaß. Das Wasser ist sauber und zum Schwimmen geeignet. Ausnahmen sind die Danziger Bucht bzw. die Weichselmündung sowie der Putziger Wieck (zatoka Pucka) und Strände in der Nähe von Großstädten.

Sommerspaß an Polens Stränden

Kleiner Strandführer von West nach Ost

An den breiten Stränden von Świnoujście (Swinemünde) und Międzyzdroje (Misdroy) pulsiert ebenso das Leben wie weiter westlich zwischen Pobierowo (Poberow) und Niechorze (Horst). Mehr Abgeschiedenheit bietet der östliche Teil der Insel Wollin. In Orten wie Kołobrzeg (Kolberg), Mielno (Groß Möllen) und Ustka (Stolpmünde) findet man bei schönem Wetter kaum noch Platz, um sein Handtuch im Sand auszubreiten.
Erholung vom touristischen Großbetrieb bieten die Strände des Słowiński-Nationalparks oder der Dębki-Gegend. Spätestens in Jastrzębia Góra (Habichtsberg) wird man jedoch wieder von den Massen eingeholt. Überlaufen sind die Strände von Jastarnia (Heisternest), Jurata und Hel (Hela) an der Putziger Nehrung. Nicht zu vergessen die Dreistadt, wo die Sopoter Strände zwar schön sind, jedoch über alle Maßen voll. Außerdem ist Baden hier nicht unbedingt zu empfehlen. Schöne Sandstrände ziehen sich schließlich von der Weichselmündung bis zur russischen Grenze an der Frischen Nehrung (Mierzeja Wiślana). Hier halten sich die betriebsamen Abschnitte (bei Stegny / Steegen, Krynica Morska / Kahlberg) mit jenen, wo Sie den Strand nur mit kreischenden Möwen teilen, die Waage.

Stars und Sternchen

Sehen und gesehen werden, das ist die Devise an der Mole von **Sopot** sowie in den beiden großen, unmittelbar an den Stränden gelegenen Hotels. Während das **Amber Baltic** in Międzyzdroje die polnischen Fernseh- und Filmstars anlockt, die nach Hollywood-Manier ihren Handabdruck im Bürgersteig vor dem Hotel verewigen, so zieht die von einem einheimischen Millionär erbaute Nobelabsteige **Bryza** eher Neureiche mit Goldkettchen und Trainingsanzügen an.

- **Amber Baltic,** Międzyzdroje, ul. Promenada Gwiazd 1, Tel. 0 91/ 3 28 10 00, Fax 3 28 10 22, www.hotel-amber-baltic.pl. ○○○
- **Bryza,** Jurata, ul. Świętopełka 1, Tel. 0 58/6 75 23 43, Fax 6 75 24 26, www.bryza.pl. ○○○

Noblesse oblige

Einige Landschlösser des 19. Jhs. wurden in den letzten Jahren zu Luxushotels umgestaltet, die es erlauben, einen Strandurlaub mit den Vorzügen der Upper-class-Hotels zu kombinieren:

- **Zamek,** Krokowa, ul. Zamkowa 1, Tel. 0 58/7 74 21 12, Fax 7 74 21 10. Sitz der Familie von Krockow, zum Strand nach Dębki sind es 10 km. ○○○
- **Neptun,** Łeba, ul. Sosnowa 1, Tel. 0 59/8 66 14 32, Fax 8 66 23 57, www.neptun.leba.pl. Mit hoteleigenem Strandabschnitt. ○○○
- **Dwór,** Nowęcin, Tel. 0 59/8 66 16 15, Fax 8 66 19 47. 3 km von den Stränden Łebas entfernt. ○○○
- **Jan III Sobieski,** Rzucewo bei Żelistrzewo, Tel. 0 58/6 73 88 05, 6 72 05 79, www.zameksobieski.pl. Die Familie von Below ließ das Schloss 1840–45 von Friedrich Stüler erbauen. An den ruhigen Gewässern des Putziger Wiecks (Zatoka Pucka) gelegen; zum offenen Meer sind es knapp 15 km. ○○○

Tipp

Für Wanderer: Die schönsten Abschnitte der polnischen Ostseeküste liegen in den Grenzen zweier Nationalparks. Die Steilküste auf der Insel Wollin (s. S. 58 f.) ist bis zu 93 m hoch und zieht sich über eine Länge von etwa 20 km von Międzyzdroje nach Międzywodzie (von dort Linienbus zurück nach Międzyzdroje).
Fast 30 km legt man auf dem Weg durch den Słowiński-Nationalpark (s. S. 63 ff.) zurück: zunächst von Łeba zur großen Düne, dann einige Kilometer am Strand entlang und anschließend durch den Küstenwald (rote Markierungen) bis nach Rowy (Rowe). Eine wunderschöne Wanderung, zumal man auf dem mittleren Abschnitt sogar während der Hochsaison kaum einem Touristen begegnet.

Sonne all over

Vor allem Dębki, ein schläfriger Ort mit großem Campingplatz, lockt die *naturyści* – FKK-Fans – an. Sonne pur genießt man auch am Strand des kaschubischen Dorfs Chałupy an der Putziger Nehrung. Nackt baden kann man ferner in Lubiewo westlich von Międzyzdroje sowie bei Krynica Morska, dem einzigen offiziell ausgewiesenen FKK-Strand Polens.

Seit jeher sind die Menschen von den funkelnden, honigfarbenen Steinen fasziniert, die vor allem während der Novemberstürme in Hülle und Fülle an die Strände der Ostsee gespült werden. Sind es vielleicht die Überreste des Palastes der Meeresgöttin Jurata, die sich einer uralten baltischen Sage zufolge in einen sterblichen Fischer verliebte und von den anderen Göttern durch die Vernichtung ihres Hauses bestraft wurde ... oder sind es schlicht die versteinerten Harze der Nadelbäume, die diesen Teil der Erde im Eozän, also vor 35 Mio. Jahren, dicht bewaldeten? So oder so, Bernstein ist eines der beliebtesten Mitbringsel von einer Reise an die polnische Ostseeküste.

Schatzsuche am Ostseestrand

Bernsteinsammler an den Galgen!

Schon die alten Prußen wussten Bernstein in bare Münze umzusetzen: Sie verkauften ihn an Rom und ließen sich sein Gewicht in purem Gold auszahlen. Der nächste Landesherrscher, der Deutsche Orden, rief das Ordensamt des Bernsteinmeisters ins Leben. Dieser beaufsichtigte das Sammeln von Bernstein. Das eigenmächtige Aufheben des kostbaren Rohstoffs wurde mit dem Tode bestraft, woran die an den Stränden aufgestellten Galgen einprägsam gemahnten. Erst 1811 wurde das Bernsteinmonopol gänzlich aufgehoben.

Kaufen ist schön ...

Danzig ist seit Jahrhunderten das Zentrum der Bernsteinbearbeitung. Zwar schätzt man, dass der Großteil des Rohmaterials aus dem russischen Kaliningrad (Königsberg) – oft am Zoll vorbei – kommt, doch der Schönheit des Schmucks tut dies keinen Abbruch. Zu Ohrringen, Ketten, Ringen oder Broschen verarbeitet, glitzert der Bernstein in den Auslagen der kleinen Galerien in der ul. Mariacka, am Motlau-Kai oder hinter der Marienkirche (ul. Szewska). Auf keinen Fall sollte man Bernstein auf der Straße von fliegenden Händlern kaufen. Das Risiko, einen billigen Pressbernstein, aus vielen kleinen Bernsteinstückchen zusammengeklebt, oder gar ein Plastikimitat zu erwischen, ist sehr groß.

Die bekanntesten Bernsteinläden sind:
- **M & M,** Długie Pobrzeże 1.
- **Arbisz,** ul. Szewska 1/4.
- **North Amber Galerie,** ul. Mariacka 44.
- **Wydra,** ul. Mariacka 49.
- in Sopot: **Triada,** ul. Bohaterów Monte Casino 36.

... selbst finden ist schöner

In Europa ist Bernstein vorwiegend an der südlichen Ostseeküste zu finden, vor allem in den östlicheren Regionen (Samland, Frische Nehrung). Besonders während heftiger Stürme spült das Meer das kostbare Gut an Land. Nach solchen Stürmen füllt sich die Küste bereits in den frühen Morgenstunden mit Menschen, die mit wildem Blick die Algenhaufen durchwühlen.

Echt oder falsch?

Am sichersten ist es, Bernsteinfunde oder -schmuck bei einem Juwelier prüfen zu lassen, aber mit einigen Tricks kann man schon am Strand die Spreu vom Weizen trennen.
Gute, gesunde Zähne sind Voraussetzung für folgenden Test: Klopft man mit dem Fundstück sanft gegen die Schneidezähne, so erzeugen harte Steine und Glas einen hellen, klingenden Ton, Bernstein dagegen ein dumpfes Geräusch.
Weniger riskant ist die Salzwassermethode: Bernstein schwimmt auf gesättigter Kochsalzlösung, andere Steine versinken. Bernstein ist so weich, dass er schon auf den Druck einer Stecknadel nachgibt. Außerdem lädt er sich bei Reibung elektrisch auf. Beide Eigenschaften unterscheiden ihn zweifelsfrei von anderen Steinen, nicht jedoch von Kunststoffimitaten.

Tipp Auch wenn sie nicht zur offiziellen Führung durch die Marienburg gehört, sollte man sich die ständige **Ausstellung zur Bernsteingewinnung und -bearbeitung** im Ostflügel des Mittelschlosses nicht entgehen lassen. Hier wird unter anderem deutlich, dass Bernstein in Farbgebungen von fast durchsichtigem Gelb bis hin zu Dunkelbraun vorkommt. Ebenso kann man erfahren, dass sein Wert nach der Klarheit und den so genannten Inklusen (Einschlüssen) – in Bernstein versunkene Urtierchen, meist Insekten – geschätzt wird. Die Sammlung zeigt auch schöne Beispiele der handwerklichen Verarbeitung von Bernstein.

Die Ausflugsschiffe der Weißen Flotte sind auf den Großen Masurischen Seen unterwegs. Besonders empfehlenswert ist die Tour von Mikołajki nach Süden (tägl. 10 Uhr, etwa 2,5 Stunden) entlang der malerischen Ufer des schmalen jez. Bełdan (Beldahnsee). Während der Fahrt dreht das Schiff eine Schleife auf dem Śniardwy und durchquert eine 1899 erbaute Schleuse.

▮ Auskünfte/Fahrpläne über Tel. 0 87/4 28 53 32, http://gizycko.com.pl/zegluga_mazurska/

Tolle Touren in Masuren

Paddelspaß auf der Kruttinna

Der geeignetste Fluss der Region für Kanuten ist die Kruttinna (Krutynia). Ihr glasklares Wasser schlängelt sich durch einen Tunnel aus Grün. Ein echtes Kruttinna-Abenteuer dauert zehn Tage – die Route führt von Sorkwity bis zur Mündung in den Bełdan-See. Jeweils am Ende der etwa 10–15 km langen Tagesetappen laden Herbergen und Zeltplätze ein.

Kanuverleih:
▮ Sorkwity, ul. Staromiejska 1, neben dem Schloss, Tel. 0 89/ 7 42 81 24.
▮ Krutyń, Direktion des »Mazurski Park Krajobrazowy«, Krutyń 66, Tel. 0 89/7 42 14 05.
▮ Weitere Routenvorschläge beim **Polnischen Kanutenverband:** Polski Związek Kajakowy, Komisja Turystyki i Rekreacji, ul. Ks. Józefa 24a, 30205 Kraków, Tel. 0 12/4 27 10 81.

Natur erleben unter Segeln

Da die Seen durch Kanäle miteinander verbunden sind, kann man zwischen Węgorzewo (Angerburg) im Norden und Ruciane (Rudschanny) im Süden etwa 70 km auf dem Wasser zurücklegen. Das Gebiet ist so weitläufig, dass man die Natur vielerorts in völliger Abgeschiedenheit genießt. Vorsicht ist bei Wetterumschwüngen auf den größeren Seen geboten (der Śniardwy / Spirding ist dafür berüchtigt). Gefährlich sind auch die unmittelbar unter der Wasseroberfläche liegenden Steine, v. a. im Süden des Śniardwy sowie am östlichen Ufer des jez. Niegocin (Löwentinsee) und des jez. Dargin (Dargainensee).

Segelbootverleih:
▮ Piaski, 3 km nördl. v. Ruciane, Zentrum Korektywa, Tel. 0 87/4 23 10 22.
▮ Mikołajki, Wioska Żeglarska PZŻ, ul. Kowalska 3, Tel. 0 87/4 21 67 20.
▮ Giżycko, Marina Bełbot Yacht Charter, Wilkasy, Hafen am jez. Tałty, Tel. 0 87/ 4 28 03 85, 4 28 71 34.
▮ Węgorzewo, Klub Morski LOK, ul. Braci Ejsmontów 2, Tel. 0 87/4 27 48 75.

Auf Schusters Rappen durch Polens »Grüne Lunge«

Ein Spaziergang durch den Wald gehört in Masuren zum absoluten Muss. Man atmet die frische Luft der »Grünen Lunge Polens«, beobachtet die artenreiche Vogelwelt oder sammelt köstliche Beeren und Pilze. In den zahlreichen, oft im Wald versteckten Seen kann man sich erfrischen. Abenteuerlustige sollten unbedingt einen Ausflug in den Borkener Wald (puszcza Borecka), östlich von Giżycko, einplanen. In diesem herrlichen Mischwald leben in freier Wildbahn Wisente, Elche, Wölfe, Luchse, See- und Schreiadler. Am besten engagiert man über die Touristenbüros oder über die Försterei Wolisko, dem idealen Ausgangspunkt für diese Urwaldwanderung, einen ortskundigen Führer.

Tipp **Urlaub auf dem Bauernhof** wird in Polen immer populärer. Für die Suche nach dem geeigneten Domizil ist die Internetadresse www.agritourism.pl. zu empfehlen. Den dazugehörigen Katalog »Polen – Ferien auf dem Bauernhof« verschickt das Polnische Fremdenverkehrsamt (s. S. 100).

Masuren per Drahtesel

Im Prinzip finden Fahrradfahrer in den Masuren paradiesische Bedingungen vor: leere Asphaltstraßen, wenig Autoverkehr, fantastische Natur. Die hügelige Landschaft v. a. im Norden der Region bedarf jedoch einiger Anstrengungen. Ab und zu muss man über Kopfsteinpflaster (so zwischen Sztynort und Gierłóż) oder Sandwege (am südl. Ufer der Śniardwy oder zwischen Wierzba und Mikołajki) fahren. Hauptstraßen sollte man meiden.

Fahrradverleih (ca. 30 Zł pro Tag, Infos auch in den Touristikbüros erhältlich):

- Olsztyn, ul. Lubelska 41e, und in der Jugendherberge, ul. Kopernika 45.
- Mrągowo, Hotel Mrongovia, ul. Giżycka 6.
- Giżycko, Hotel Helena, ul. Wojska Polskiego 59, oder Büro Wamatur, ul. 3 Maja 4/2.
- Mikołajki, SAGIT, ul. 3 Maja 13, oder im Gołebiewski-Hotel, ul. Mrągowska 34, nachfragen.

Polens grüne Lunge

Lage und Landschaft

Die beliebtesten Ferienregionen Polens – die Meeresküste und die Masurische Seenplatte – erstrecken sich entlang der Ostsee und der russischen Grenze des Kaliningrader bzw. Königsberger Gebiets, von der Grenze zu Deutschland im Westen bis zur litauischen und weißrussischen Grenze im Osten. Der nördlichste Punkt Polens ist das Kap von Rixhöft (przylądek Rozewie).

Die nach Osten ziehende Wasserströmung formte durch den mitgeführten Bodensand die so genannte Ausgleichsküste. So entstanden aus alten Buchten Seen oder Haffs (Łebsko/Leba, Zalew Wiślany/Frisches Haff). Auch die Danziger Bucht wird in ferner Zukunft vollständig von der Putziger Nehrung begrenzt und damit zum Haff werden. Ein breiter Sandstrand verläuft entlang der Küste, hinter dem sich bis zu 50 m hohe Sandwälle auftürmen. Nur an einigen Stellen werfen sich Moränenhügel zur wilden Steilküste auf, gut zu sehen z. B. in Wollin und in der Umgebung von Gdynia (Gdingen).

Entlang der Küste bis nach Litauen zieht sich der Baltische Höhenrücken, ein über 100 km breiter, ausgedehnter Gürtel eiszeitlicher Moränen. Dazwischen liegen die zahllosen Seen der Pommerschen Seenplatte (Pojezierze Pomorskie), der Masurischen Seenplatte (Pojezierze Mazurskie) u. a. Hohe Hügel dominieren die Landschaft, so die Wieżyca (Turmberg, 329 m) in der Kaschubei oder die Dylewska Góra (Kernsdorfer Höhe, 312 m) südlich von Ostróda (Osterode). Im Süden breiten sich riesige Ebenen aus: die Großpolnische und die Masowische Tiefebene (Nizina Wielkopolska, Nizina Mazowiecka).

Klima und Reisezeit

Die klimatischen Gegebenheiten Nordpolens sind mit denen in Norddeutschland vergleichbar. Der Einfluss des osteuropäischen Kontinentalklimas sorgt jedoch für größere Beständigkeit; die Winter sind kälter, die Sommer in der Regel etwas heißer – je weiter Richtung Osten, desto ausgeprägter. So wird die östlich von Masuren gelegene Suwałki-Region auch als

Klima und Reisezeit

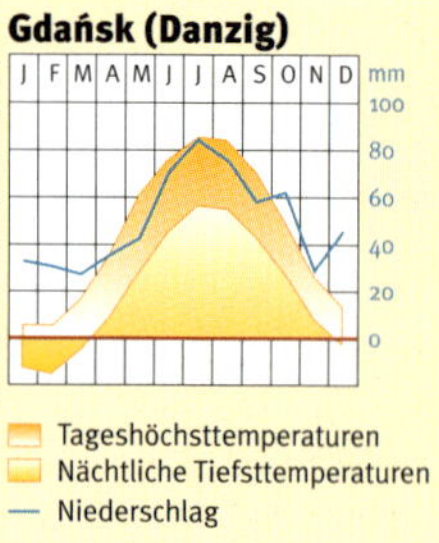

polnischer Nordpol bezeichnet, und in manchen Wintern fällt das Thermometer auf bis zu −37 °C.

Winterurlaub an der Küste ist nur etwas für Hartgesottene; dagegen sind die unter Eis und Schnee verborgenen masurischen Seen und Wälder ein Geheimtipp. Bis zu 2 m Schnee verwandeln die Landschaft in eine Märchenwelt, wie man sie aus Kindheitserinnerungen zu kennen glaubt.

Im November und Dezember sowie von März bis etwa Mitte Mai ist das Wetter unberechenbar. Ab dem Frühsommer wird es besser. Der sonnige August ist die beste Reisezeit, im Juli regnet es häufig. Hitzewellen sind in Nordpolen seltener als in den Anrainergebieten. Der Ostwind bringt normalerweise längere Perioden von gutem Wetter mit sich, der – leider häufigere – Westwind beschert Abkühlung und Wolken.

Bevorzugte Reisezeit vieler ist der goldene Herbst von September bis etwa Mitte Oktober, wenn der masurische Wald zur bezaubernden Farbkulisse wird. Der Touristenstrom ist dann bereits abgezogen, und die Tage sind häufig noch sehr sonnig.

In Polens Wäldern lebt noch der Wisent

Natur und Umwelt

Das gängige Bild von Polens Norden als Naturidylle trifft weitgehend zu: Wälder, zu deren Bewohnern gar frei lebende Wisente zählen, von uralten Bäumen gesäumte Alleen statt Schnellstraßen, verschlafene Dörfer, in denen Hunderte von Störchen leben. Mehrere Nationalparks – Drawieński, Woliński, Słowiński, Tucholski, Wigierski und Biebrzański – schützen die schönsten Gebiete. Außerdem gibt es zahlreiche Naturreservate und Landschaftsparks. 27 % der Gesamtfläche Polens sind bewaldet; die größten Waldgebiete liegen im Norden, darunter die Puszcze, die Urwälder bei Augustów, Pisz (Johannisburger Heide) und Tuchola (Tucheler Heide). Seltene Pflanzen und Tiere wie Seeadler, Wisente, Tarpane, Elche und Sumpfschildkröten sind hier zu Hause.

Ganz ungetrübt ist die Idylle jedoch nicht. Oder und Weichsel führen ein übles Gemisch von ostmitteleuropäischen Industrieabfällen mit sich. So sind das Stettiner Haff und die Danziger Bucht bereits praktisch tote Gewässer. Auch wegen des Schiffsverkehrs ist das Baden an den Stränden um Danzig manchmal verboten; aber selbst wenn Sie dürften – Schwimmen ist hier nur bedingt zu empfehlen.

Eine andere Bedrohung der Natur bildet die touristische Erschließung Masurens. Neue Hotels sowie private Betriebe entstehen schneller als die Kläranlagen, die in vielen masurischen Städten bitter nötig wären. Daher sind Gewässer wie Nikolaiken- (jezioro Mikołajskie) oder Löwentin-See (jezioro Niegocin) bereits stark verschmutzt. Die Mehrheit der Seen ist aber noch sauber; ob dies so bleibt, wird davon abhängen, ob das Konzept des Umwelt schonenden, sanften Tourismus wirklich realisiert werden kann.

Bevölkerung und Religion

Die Bevölkerung Nordpolens besteht zu 98 % aus Polen römisch-katholischer Konfession. Da es vor 1945 in diesem Gebiet nur entlang der Weichsel eine alteingesessene polnische Bevölkerung gab, sind die Bewohner der übrigen Regionen Nachkommen der Zuwanderer aus Zentralpolen und der Vertriebenen aus Litauen.

Als Folge der Vertreibung und der späteren Auswanderung ist der deutsche Bevölkerungsanteil – Pommern und Ostpreußen waren einst mehrheitlich deutsch – auf einige tausend Menschen geschrumpft. Nach Deutschland ausgewandert sind auch die meisten Nachkommen der Masuren und Ermländer (s. S. 93), der polnischen Einwanderer nach Preußen aus der Frühneuzeit.

Nordwestlich von Danzig leben noch etwa 200 000 slawische Kaschuben (s. S. 68), die bis heute ihr Brauchtum pflegen. Auch der Schriftsteller Günter Grass entstammt dieser Volksgruppe.

Auf Ihrer Reise durch Nordpolen werden Sie sonntags überall volle Kirchen sehen. Jährlich werden 600 000 Taufen gezählt, 15 000 Kirchen, von denen etwa 2000 in den letzten fünfzehn Jahren erbaut worden sind, sprechen für sich. Priestermangel ist in Polen ein Fremdwort. Polnische Geistliche werden sogar nach Deutschland geschickt, um ihre dortigen Brüder zu unterstützen. Es zeichnet sich das Bild der mächtigen katholischen Kirche Polens ab, das aus der Geschichte zu erklären ist. Die Kirche war im 19. Jh. Hort der Nation gegen die orthodoxen Russen und protestantischen Preußen; ihre die Nation erhaltende Rolle behielt die Kirche während der NS-Besatzung und sogar während des kommunistischen Regimes bei.

Und trotzdem ist die Aussage, dass alle Polen fromm und strenggläubig seien genauso falsch wie etwa die Be-

Steckbrief

- **Küstenlinie:** 788 km
- **Woiwodschaften** (nach der Verwaltungsreform 1999): Pomorze Zachodnie (Hinterpommern) mit Szczecin (Stettin), Pomorze Gdańskie (Pommerellen) mit Gdańsk (Danzig), Warmia i Mazury (das Ermland und Masuren) mit Olsztyn (Allenstein) und Elbląg (Elbing) sowie Podlasie (Podlachien) mit Suwałki und Białystok.
- **Größte Städte:** Gdańsk (Danzig) 464 000 Einw., Szczecin (Stettin) 418 000 Einw., Bydgoszcz (Bromberg) 385 000 Einw., Gdynia (Gdingen) 250 000 Einw., Toruń (Thorn) 204 000 Einw.
- **Wichtigste Flüsse:** Wisła (Weichsel, 1047 km), Odra (Oder, 752 km in Polen), Łyna (Alle, 190 km in Polen), Drwęca (Drewenz, 207 km)

hauptung, dass alle Polen Autos klauten und die Russen nicht ausstehen könnten. So stört es die Kirchgänger nicht, dass sie praktizierende Katholiken sind und gleichzeitig gegen vom Vatikan erlassene Regeln verstoßen, etwa in Fragen der Empfängnisverhütung, der Scheidung und der Abtreibung. Außerdem ist vielen der Einfluss der Kirche inzwischen zu groß geworden, immer mehr kritische Stimmen werden laut.

Mit dem Entstehen eines demokratischen Systems hat die Kirche ihre politische Funktion verloren und mit der fortschreitenden Verwestlichung der Gesellschaft auch ihre ideologische Stärke. So muss die Kirche ihre Rolle in der polnischen Gesellschaft wohl gründlich überdenken.

Sprache

Polnisch ist eine westslawische Sprache und am engsten mit dem Niedersorbischen verwandt, das um Cottbus gesprochen wird; es ist auch dem Slowakischen ähnlich und – entfernter – dem Tschechischen. Das Kaschubische, das in der Danziger Gegend gesprochen wird, ist kein Dialekt des Polnischen, sondern eine eigenständige Sprache.

Im Polnischen wird fast immer die vorletzte Silbe betont. Die Grammatik kennt sieben Fälle, mit denen sowohl Substantive als auch Adjektive dekliniert werden. Spätestens die so genannten Aspekte – zwei Formen eines Verbs, die je nach Art der Tätigkeit verwendet werden – bringen alle Polnischschüler zum Verzweifeln.

Ein Spezifikum des Polnischen sind die vielen Diminutiva, also die Verkleinerungsformen. Sie fanden über den polnischen Dialekt, das Masurische, Eingang in das Deutsch Ostpreußens.

Ungewohnte Aussprache

Schon der Name des ehemaligen Präsidenten Lech Wałęsa war der Schrecken eines jeden deutschen Nachrichtensprechers. Er muss mit einem nasalen »e« (wie in Teint) und einem an das englische »w« erinnernden »ł« (wie in water) artikuliert werden. Schon dieses Beispiel zeigt, dass das Polnische die Sprache der Zungenbrecher ist.

Hier einige Ausspracheregeln, bevor Sie mit »Szczecin« vermutlich das erste polnische Schild erblicken und ihre Zungenfertigkeit gleich auf die Probe stellen können. Es gibt Zischlaute: sz = sch, cz = tsch (also »Schtschezin«); Nasallaute: ą (wie in Bonbon), ę (wie in Teint), z. B. in proszę (bitte) oder dziękuję (danke); weich ausgesprochene Konsonanten: ń (wie in Champagner), z. B. in dzień dobry (Guten Tag), ś (sj) oder ć (weiches tsch). Das ó wird wie ein u ausgesprochen, rz bzw. ż hören sich an wie in Jargon oder Journal.

Jetzt ist es doch gar nicht mehr so schwierig, »Witamy w Polsce. Życzymy Państwu szczęśliwej podróży.« (»Will-

Die Regionen Nordpolens in der Geschichte

Der Norden Polens setzt sich aus historisch gewachsenen Regionen zusammen, deren Grenzen sich nicht nur im Laufe der Jahrhunderte oft geändert haben, sondern auch in der polnischen und deutschen Geschichtsschreibung unterschiedlich definiert werden. In Deutschland unterteilt man Pommern in Hinterpommern (östlich der Oder) und Vorpommern (heute v. a. in Deutschland). Der gesamte nach 1945 polnisch gewordene Teil von Pommern wird heute als Pomorze Zachodnie (Westpommern) bezeichnet.

Weiter östlich – etwa ab Lębork (Lauenburg) – beginnt das große Land auf beiden Seiten des unteren Weichsellaufs. Die Benennungen dieses Gebiets sind verwirrend: Bis zum 13. Jh. war es in mehrere Regionen unterteilt, in das prußische Pomesanien (östlich der Weichsel), das slawische Pommerellen (westlich der Weichsel) und das Kulmerland (bei Thorn). Dann dehnte der Deutsche Orden seinen Machtbereich auf diese Regionen aus und vereinte sie. Nach dem Zusammenbruch der Ordensherrschaft fiel das Gebiet für drei Jahrhunderte an Polen und wurde Königlich-Preußen genannt. Später wurde daraus das deutsche Westpreußen. Den größten Teil von Westpreußen musste das Deutsche Reich auf Grund des Versailler Friedensvertrages 1920 an Polen abtreten: Der so genannte polnische Korridor trennte die Freie Stadt Danzig und das weiterhin zum Deutschen Reich gehörende Ostpreußen vom deutschen Reichsgebiet. Heute heißt das Land an der Weichsel Pomorze Gdańskie (Danziger Pommern).

Das dritte hier vorgestellte Gebiet umfasste den Ostteil des Deutschordensstaates, der 1525 unter den Hohenzollern zum Herzogtum Preußen wurde und eine eigene politische Entwicklung durchlief. 1772 besetzte Preußen in der Ersten Teilung Polens das Bistum Ermland, und das gesamte Gebiet wurde zu Ostpreußen.

Um es noch komplizierter zu machen, assoziieren viele Deutsche mit Ostpreußen all das, was von 1920 bis 1939 hinter dem polnischen Korridor lag, also auch die westpreußische Marienburg oder Elbing, die mit der historischen Region Ostpreußen (und mit der Regionalidentität ihrer Einwohner) nichts zu tun haben. Ostpreußen war in verschiedene Landschaften eingeteilt, darunter Masuren (um Lötzen), Natangen (um Rastenburg) und Oberland (bei Osterode).

Im Polnischen vermeidet man üblicherweise die hier negativ belegte Bezeichnung Ostpreußen (Prusy Wschodnie) und spricht stattdessen lieber von Warmia i Mazury (Ermland und Masuren), womit der nach 1945 vom polnischen Staat übernommene südliche Teil Ostpreußens gemeint ist. Der heute zu Rußland gehörende Norden Ostpreußens bezeichnet man als Königsberger bzw. Kaliningrader Gebiet.

kommen in Polen. Wir wünschen Ihnen eine glückliche Reise.«), richtig auszusprechen, oder?

Eine große Hilfe wird Ihnen der Polyglott-Sprachführer **Polnisch** sein (Polyglott-Verlag, München 1996).

In allen größeren Hotels Nordpolens kann man sich problemlos auf Deutsch verständigen. War früher Französisch die Sprache der gebildeten Polen, lernt man heute vor allem Englisch und Deutsch.

Politik und Verwaltung

Nach dem Ende des kommunistischen Systems in Polen 1989 wurde die Dritte Republik ausgerufen. Erster Mann im Staat ist der Präsident – z. Zt. Aleksander Kwaśniewski –, der im Jahr 2000 bereits für seine zweite Amtszeit gewählt wurde. Seine Befugnisse wurden in der neuen Verfassung weitgehend auf Repräsentationsfunktionen beschränkt.

Der 2001 gewählte Sejm, die untere Kammer des Parlaments und gesetzgebendes Organ, setzt sich aus den derzeit sieben Parteien zusammen, die bei den Wahlen die 5-%-Hürde überschritten haben, sowie aus Vertretern nationaler Minderheiten (derzeit nur Deutsche), für die die 5-%-Klausel nicht gilt. Der Senat, die obere Kammer des Parlaments, ist an der Gesetzgebung beteiligt. Die Exekutive bildet die Regierung, derzeit eine Koalition zweier linker Parteien und der Bauernpartei, in der die Postkommunisten (SLD) den Ton angeben und den Premierminister, Leszek Miller, stellen.

Die zuvor in den Jahren 1997 bis 2001 regierende Mitte-Rechts-Koalition konnte zwar die längst fälligen Reformen des Gesundheits-, Renten- und Versicherungswesens, ferner des Bildungs- und Verwaltungssystems vorantreiben. Da diese Reformen jedoch sehr chaotisch eingeführt wurden, kosteten sie die Koalition die Macht. Bei den Wahlen im Jahr 2001 erlitten die Regierungsparteien »Solidarność« und »Union der Freiheit« derartige Einbußen, dass sie nicht einmal mehr den Sprung ins Parlament schafften.

Die neue linke Regierung tritt ein schweres Erbe an: eine Finanzkrise des Staates, die auf Bersorgnis erregende 17 % angestiegene Arbeitslosigkeit und das von 4 auf 1 % gesunkene Wirtschaftswachstum. Eine wahre Herausforderung stellen die Beitrittsverhandlungen mit der EU dar – es muss noch viel getan werden, um das erklärte Ziel, bei der EU-Osterweiterung 2004 mit an vorderster Front zu stehen, zu erreichen.

Im Zuge der Verwaltungsreform 1999 wichen die bisherigen 49 Woiwodschaften größeren Einheiten, die wirtschaftlich und z. T. auch politisch autonom sein sollen. Lokaler Widerstand ließ allerdings die ursprünglich geplante Zahl von 12 Bezirken auf 16 anwachsen.

Wirtschaft

Am Ende des Sozialismus stand der wirtschaftliche Kollaps. 1989 erreichte die Inflationsrate fast 1000 %, die Regale waren leer, der Staat hoch verschuldet. 1990 wurden radikale Reformen eingeleitet, nach dem damaligen Finanzminister Balcerowicz-Reformen genannt, die mit der Freigabe der Preise begonnen wurden. Auch wenn dies zunächst eine Verarmung der Bevölkerung bedeutete, war es der einzig mögliche Weg. Und so muss die landläufige Bedeutung der »polnischen Wirtschaft« wohl bald ins Gegenteil verkehrt werden: Polen verzeichnet als einzige postkommunistische Volkswirtschaft schon seit 1992 ein selbsttragendes Wachstum, das 2000 4 % betrug, 2001 aufgrund der weltweiten Wirtschaftsflaute allerdings deutlich nach unten korrigiert werden musste. 60 % der Bevölkerung leben bereits von der Privatwirtschaft.

Ausländische Investoren interessieren sich immer stärker für das Land an der Weichsel, das schon allein durch seine Größe sowie seine Lage als Drehscheibe zwischen Ost und West lukrative Geschäfte verspricht.

Trotzdem: Es wird noch Jahre dauern, bis Polen das Niveau Portugals, des ärmsten Mitglieds der EU, erreicht. Zwar setzten alle seit 1990 amtierenden Regierungen die Refomen fort, doch die Aufgaben bleiben weiterhin immens. Die Restrukturalisierung der Schwerindustrie und ihre Privatisierung kommen nur langsam voran, nicht zuletzt, weil die Riesenbetriebe oft veraltet und auf dem heutigen Weltmarkt nicht konkurrenzfähig sind. All dies ist auch mit großen sozialen Problemen verbunden, so z. B. im Kohlebecken Oberschlesiens, wo 100 000 Bergarbeiter umgeschult werden müssen.

Viele Bauern kämpfen ums Überleben

Viele Staatsbetriebe haben zu spät mit der Modernisierung begonnen – ein Beispiel ist die ehemalige Lenin-Werft in Danzig, die Konkurs anmelden musste. Dass es aber auch anders geht, belegt die größte Werft Europas in Stettin, die mit 130 bestellten Schiffen pro Jahr immer ausgelastet ist.

Strukturprobleme der Landwirtschaft

In stalinistischer Zeit scheiterte der Staat an der Kollektivierung der Dörfer, und so blieb Polen das einzige Land hinter dem Eisernen Vorhang, in dem 77 % der Felder in Privatbesitz waren. 25 % der Gesamtbevölkerung leben von der Landwirtschaft. Der Staat wird diese Zahl – ein Hemmschuh auf dem Weg nach Europa – reduzieren müssen. Wie und unter welchen Opfern das geschehen wird, ist noch ungewiss.

Die alten pommerschen und ostpreußischen Güter wurden nach 1945 in PGRs, landwirtschaftliche Produktionsgenossenschaften, umgewandelt. Ihr Ruhm war allerdings zweifelhaft: Misswirtschaft, soziale Probleme, Vernichtung der wertvollen Bausubstanz und dauernde Subventionierung beschreiben die Situation. Diese Staatsbetriebe versuchen, konkurrenzfähig zu werden. Dabei wird die Zahl der Arbeiter drastisch reduziert.

Geschichte im Überblick

Die Ostseeküste ist seit der Steinzeit u. a. von ostgermanischen Stämmen besiedelt, die vom 4. Jh. an nach Westen auswandern. Im 6. Jh. wird Osteuropa bis Holstein und bis zur Elbe von slawischen Stämmen bevölkert.

1000 Das erste Bistum Pommerns wird in Kolberg (Kołobrzeg) innerhalb des seit 966 christlichen Polen gegründet, besteht aber nur 16 Jahre und führt nicht zu der gewünschten Christianisierung der Pomoranen. Diese werden danach unabhängig.

1121 Der polnische Herzog Bolesław III. Schiefmund (Krzywousty) erobert Stettin und erteilt Otto von Bamberg 1224/1225 den Auftrag, Pommern zu christianisieren.

1128 Die zweite Missionsfahrt Ottos von Bamberg wird von Magdeburg aus organisiert. Herzog Wartislaw I. von Stettin erkennt die Oberhoheit des Deutschen Reiches an. Die Christianisierung ist mit der Gründung des Bistums Cammin (1176) in etwa abgeschlossen. Durch die deutsche Ostbesiedlung ändert sich in den nächsten 200 bis 300 Jahren die ethnische Zusammensetzung in Pommern, bis schließlich der deutsche Bevölkerungsanteil überwiegt.

1230 In der umstrittenen Urkunde von Kruschwitz spricht Konrad I. von Masowien dem Deutschen Orden das Kulmerland zu. Dieser verpflichtet sich, die das polnische Territorium verheerenden Prußen zu bekämpfen und sie zu christianisieren. Nach der Unterwerfung der Prußen Gründung des theokratischen Deutschordensstaates, in dem sich deutsche Siedler niederlassen. Die Städte schließen sich später der Hanse an.

1308–1309 Die Ordensritter besetzen das seit 1294 polnische Pommerellen mit Danzig (zuvor eigenes slawisches Herzogtum). Der Hochmeister Siegfried von Feuchtwangen verlegt seine Residenz von Venedig nach Marienburg.

1410 Vernichtende Niederlage des Deutschen Ordens in der Schlacht bei Tannenberg (poln. Grunwald) gegen Polen-Litauen, das unter der Jagiellonen-Dynastie und nach der Christianisierung Litauens (1386) zur Großmacht wird.

1466 Der Zweite Thorner Frieden beendet den Dreizehnjährigen Krieg zwischen dem Deutschen Orden und den unzufriedenen Bürgern des Landes, die sich der polnischen Krone unterstellen. Vom Ordensland fallen Pommerellen, Kulmerland, Marienburg und Elbing (Königlich-Preußen) sowie das Bistum Ermland an Polen, der Rest verbleibt dem Orden.

1525 Der letzte preußische Hochmeister, Albrecht von Brandenburg-Ansbach, tritt zum lutherischen Glauben über, unterwirft sich dem Polenkönig und erhät von ihm den verbliebenen Restordensstaat als Herzogtum Preußen als Lehen.

1569 Im Reichstag von Lublin wird die autonome Stellung Preußens innerhalb von Polen-Litauen aufgehoben; de facto unabhängig bleibt nur Danzig, das auch von der bis ins 18. Jh. hinein ständig zunehmenden Polonisierung des ganzen Gebietes kaum betroffen wird.

Geschichte im Überblick

1637 Die pommersche Herzogsfamilie der Greifen stirbt aus. Die Erbfolge in Hinterpommern mit Stolp geht an die Brandenburger über; Mittelpommern mit Stettin bleibt seit der Eroberung im Dreißigjährigen Krieg bis 1720 schwedisch.

1701 Nachdem sich 1656 das Herzogtum Preußen von der polnischen Oberhoheit befreit hat, wird Kurfürst Friedrich III. von Brandenburg in Königsberg als Friedrich I. zum »König in Preußen« gekrönt.

1772, 1793 In der Ersten Polnischen Teilung annektiert Preußen das Ermland und einen großen Teil Königlich-Preußens, in der Zweiten Teilung u. a. Danzig und Thorn.

1918–1920 Nach dem Ersten Weltkrieg bekommt das neu entstandene Polen im Versailler Vertrag den größten Teil Westpreußens, den »polnischen Korridor«, zugeschrieben. Danzig wird Freistadt innerhalb des polnischen Zollbereichs. In Abstimmungen spricht sich eine überwältigende Mehrheit im Süden Ostpreußens sowie um Marienwerder für den Verbleib beim Deutschen Reich aus.

1939–1945 Ausbruch des Zweiten Weltkrieges mit dem deutschen Angriff auf die Westerplatte bei Danzig. Konsequent betriebene »Liquidierung des polnischen Volkstums« in Westpreußen, in deren Folge nahezu die gesamte dortige polnische Intelligenz vertrieben, ermordet oder in Konzentrationslager deportiert wird. In der Endphase des Krieges sterben Hunderttausende deutscher Zivilisten durch Bomben, Erfrieren, Entkräftung auf der Flucht oder infolge von Racheakten. Gemäß der 1945 in Jalta und Potsdam vereinbarten »Westverschiebung« werden das südliche Ostpreußen, Danzig, Hinterpommern und Stettin Polen einverleibt. Mit Ausnahme der ursprünglich slawischen Masuren und Ermländer wird die gesamte deutsche Bevölkerung vertrieben.

1980–1981 Die »Solidarność-Revolution« beginnt in Danzig. Innerhalb von eineinhalb Jahren untergräbt die 10 Mio. Mitglieder zählende Gewerkschaft durch Streiks und Demonstrationen nach und nach die Macht der kommunistischen Partei. Dieser Entwicklung wird durch die Ausrufung des Kriegsrechts am 13.12.1981 ein Ende gesetzt.

1989 Die Gespräche am »runden Tisch« zwischen kommunistischer Partei, Kirche und Opposition ermöglichen Wahlen, die den Kommunisten eine vernichtende Niederlage einbringen.

1990 Unterzeichnung der Verträge über die Anerkennung der Westgrenze Polens und die friedliche Zusammenarbeit zwischen Polen und Deutschland. Lech Wałęsa, Führer der Solidarność, wird zum ersten Präsidenten des demokratischen Polen gewählt.

1995 Wałęsa unterliegt in den Präsidentenwahlen dem Postkommunisten Aleksander Kwaśniewski.

1999 Eintritt Polens in die NATO.

2000 Linksschub bei den Parlamentswahlen; auch die europaskeptischen Gruppierungen schaffen den Einzug ins Parlament.

Kultur gestern und heute

Berühmte Persönlichkeiten

Weltberühmte Künstler und Wissenschaftler stammen aus dem Norden Polens. So kommen der Philosoph Arthur Schopenhauer (1788–1860) sowie der Maler und Radierer Daniel Chodowiecki (1726–1801), der in seinen Porträts und häuslichen Szenen in treffender Beobachtung die bürgerliche Welt seiner Zeit darstellt, aus Danzig. Schopenhauer verließ die Ostseemetropole allerdings bereits im zarten Alter von vier Jahren. Ebenfalls in der Hansestadt geboren wurde der Physiker Gabriel Fahrenheit (1686 bis 1736), der die nach ihm benannte Temperaturskala einführte.

Weiter östlich, in Morąg (Mohrungen), erblickte der Philosoph, Dichter und Theologe Johann Gottfried Herder 1744 das Licht der Welt (gest. 1803). Allen Polen ist Józef Wybicki (1747 bis 1822), der Schöpfer der polnischen Nationalhymne »Noch ist Polen nicht verloren«, ein Begriff; er wurde in der Kaschubei geboren.

Kinofreunde werden erstaunt sein, dass Klaus Kinski als Nikolaus Nakszynski 1926 in Sopot (Zoppot) zur Welt kam, und dass der Regisseur Andrzej Wajda (geb. 1926), der durch Filme wie »Danton«, »Korczak« und »Asche und Diamant« Weltruhm erlangte, aus Suwałki stammt. Eine besondere Verbindung mit dem Land an der Ostsee hat auch der Komponist Carl Loewe (1796–1869), Schöpfer vieler Opern, Oratorien und romantischer Balladen: Er war 1820–1866 Kantor und Musikdirektor in Stettin.

Eine große Tochter Pommerns ist die in Stettin geborene Zarin Katharina die Große (1729–1796), der die Polen jedoch keine große Sympathie entgegenbringen, da sie das Land unter seinen Nachbarn aufteilen ließ.

Architektur

Der Norden Polens besitzt zahlreiche grandiose Bauten, allen voran die des Deutschordensstaates aus dem 13. bis 15. Jh. Die Ordensritter bauten Burgen – herausragend die Marienburg –, die Bischöfe und Domherren Dome (Heilsberg) und Residenzen, die stolzen Patrizier Kirchen und prächtige Profanbauten (Danzig, Thorn).

Die mittelalterliche Architektur Pommerns bleibt dagegen insgesamt weit hinter den Werken des Deutschordensstaates zurück. Bemerkenswert sind allerdings die romanischen Kirchen von Kamień Pomorski (Cammin in Pommern) und Kołbacz (Kolbatz) sowie das Werk des wichtigsten Architekten der Spätgotik dieses Teiles von Europa: Hinrich Brunsberg (1350–ca. 1428). Die Marienkirche von Stargard mit ihren Formsteinverzierungen ist typisch für sein Schaffen.

Zeugnisse späterer Epochen bietet vor allem die Innenstadt von Gdańsk (Danzig) – in ihrer Gesamtheit eine architektonische Höchstleistung. Mit Anthonis van Opbergen, Willem und Abraham van den Blocke, Vredeman de Vries u. a. beauftragte die Handelsstadt die besten Vertreter der niederländischen Kunst des 16. und 17. Jhs.

Literatur

Erst spät entwickelte sich im heutigen Nordpolen eine eigenständige Literatur. Zwar sind bereits Chroniken des Deutschen Ordens aus dem 14. Jh. überliefert, und man kennt erste kaschubische Schriftzeugnisse aus dem 16. Jh., doch sind dies Besonderheiten für Literaturwissenschaftler. Auch Ignacy Krasicki (1735–1801), der große polnische Aufklärer, der auf der Burg in Lidzbark Warmiński (Heilsberg) lebte, wird der Hauptströmung der polnischen Literatur zugeordnet.

Freilich hat es Schriftsteller und Dichter gegeben, die sich speziell mit Ostpreußen befassten, so Ernst Wiechert (1887–1950; »Die Jerominkinder«, »Wälder und Menschen«), der inmitten eines masurischen Waldes geboren wurde. Doch erst die Zäsur des Zweiten Weltkriegs und der Verlust des Landes im Osten ließen eine Literatur entstehen, die das Schicksal des Landes und das Erlebte thematisiert und weithin bekannt machte. Zu erwähnen sind die Erinnerungen an das Adelsleben in ostpreußischen Schlössern, die Beschreibung traumatischer Erfahrungen sowie die Gedan-

Die polnische Restauratorenschule

1945, als Ostmitteleuropa ein einziges Trümmerfeld war, schlug die Geburtsstunde der heute weltberühmten polnischen Restauratorenschule. Man begann mit der Warschauer Altstadt, deren originalgetreuer Wiederaufbau für die Identität eines um Millionen Menschen dezimierten und nach Westen verschobenen polnischen Staates bedeutsam war. Dann machte man sich an Danzig – manifestierten die Polen damit auch seinerzeit ihren historisch abgeleiteten Anspruch auf Gdańsk, zählt heute das Ergebnis: Der Stadtkern ist in voller Schönheit wiedererstanden. Wichtige Bauten wurden in den 1950er und 60er Jahren detailgenau rekonstruiert, ganze Straßenzüge erhielten ihre ursprüngliche Form zurück. Hinter den Spätrenaissance- oder Barockfassaden verbergen sich moderne Wohnungen. Kritiker dieses historisierenden Vorgehens verglichen die restaurierten Städte mit Disneyland. Ein Blick auf Stettin, in dem erst jetzt eine Nachbildung der Altstadt entsteht, zeigt jedoch die Richtigkeit der Entscheidung.

Die in Warschau und Danzig, später auch in Posen (Poznań) und Breslau (Wrocław) ausgebildeten Restauratoren zogen Kreise: Man gründete mehrere Universitätsfakultäten ausschließlich für Denkmalpflege. Das Know-how der Denkmalpfleger wurde zum Exportschlager. Die PKZ (polnische Werkstätten für Konservierung der Denkmäler), erkennbar an ihren weiß-blauen Zäunen, sieht man überall – in Deutschland (Münchner Residenz, Brühl, Sanssouci), Ägypten, Peru oder Kambodscha sowie in den baltischen Staaten. Seit einigen Jahren mehren sich Stimmen, die an die Aufgaben im eigenen Land erinnern. Während man im Ausland Ruhm einheimst, sind unzählige Gutshöfe in Polen dem Verfall preisgegeben. Doch kann man den PKZ daraus keinen Vorwurf machen – der Erhalt dieser Baudenkmäler scheitert an der Geldnot des Staates, dem mangelnden Bewusstsein für das historische Erbe und nicht zuletzt daran, dass es an finanzkräftigen Besitzern und sinnvollen Nutzungskonzepten fehlt.

ken zur Gegenwart in den Büchern von Marion Gräfin Dönhoff (»Kindheit in Ostpreußen«, »Namen die keiner mehr nennt«), Christian Graf von Krockow (»Reise nach Pommern«) und Hans Graf von Lehndorff (»Ostpreußische Tagebücher«).

Einen ganz anderen Ton schlagen die z. T. anrührenden Beschreibungen des idyllischen Masuren von Siegfried Lenz an, der 1926 in Ełk (Lyck) geboren wurde, »einer Kleinstadt zwischen zwei Seen, von der die Lycker behaupten, sie sei die Perle Masurens«. In »So zärtlich war Suleyken« zeichnet Lenz das Bild eines Phantasiedorfes, wie man es noch in vielen Ecken Masurens finden kann. Die Liebeserklärung von Lenz an seine Heimat ist Pflichtlektüre für Masuren-Reisende. Ebenfalls zu empfehlen sind die Bücher von Arno Surminski (geb. 1934; »Geschichten aus Kalischken«, »Jokehnen«, »Polinken«).

Vor allem zwei Romane stehen für den Versuch, sich mit der Vergangenheit dieses Landes auseinanderzusetzen: das »Heimatmuseum« von Siegfried Lenz und die »Danziger Trilogie« von Günter Grass (geb. 1927, Nobelpreis 1999). Der bekannteste Teil der »Danziger Trilogie«, die »Blechtrommel«, hat Weltruhm erlangt.

Die polnische Literatur hat erst in den letzten Jahren die Geschichte des Landes und speziell Danzigs zum Thema gemacht. Sowohl der in deutscher Übersetzung vorliegende »Weiser Davidek« von Paweł Huelle als auch »Der Tod in Danzig« von Stefan Chwin knüpfen an die frühere Literatur über Danziger Schicksale an.

Veranstaltungskalender

- **April:** Szczecin (Stettin): **Theaterfest;** Toruń (Thorn): **Gesamtpolnisches Festival der »Einpersonenstücke«** (Monodramen).
- **Mai:** Toruń (Thorn): **Internationales Theaterfestival** und **Internationale Parade der Volksmusikkapellen.**
- **Juni:** Puck (Putzig): Traditionelle kaschubische **Prozession der Fischkutter** am St.-Peter-Tag; Kamień Pomorski (Cammin): **Internationales Festival der Orgel- und Kammermusik** im Dom (bis August); Gdańsk (Danzig), Pelplin, Gdynia (Gdingen): **Internationales Festival der Orgel-, Chor-, und Kammermusik** (bis August).
- **Juli:** Mrągowo (Sensburg): **Festival der Country-Musik**; Międzyzdroje (Misdroy): **Internationales Chor-Festival;** Golub-Dobrzyń (Gollub): **Internationales Ritterturnier** (15.–18.7.); Elbląg, Frombork: **Internationales Festival der Orgelmusik** (bis August); Toruń (Thorn): **Treffen der Straßentheater** (bis August).
- **August:** Gdańsk (Danzig): **»Dominikanermarkt** (»Jarmark Dominikański«, s. S. 34); Sopot (Zoppot): **Sopot-Festival,** internationaler Wettbewerb der Unterhaltungsmusik; Gdańsk, Sopot, Gdynia: **Festival der folkloristischen Ensembles** aus Nordpolen und den baltischen Ländern.
- **September:** Gdańsk (Danzig): **Internationale Shakespeare-Tage** im »Wybrzeże«-Theater; Słupsk (Stolp): **Klavierfestival.**
- **November:** Gdynia (Gdingen): **Filmfest** (Wettbewerb um den besten polnischen Film des Jahres).

Bigos, Borschtsch und Wodka

Die polnische Küche

Deftig und ungemein gehaltvoll sei die polnische Küche, bemerkte bereits Wolfram Siebeck im Wochenmagazin »Zeit«. Sie erinnert viele ältere Deutsche an die ländliche Küche ihrer Großeltern. Auch mit den Spezialitäten Schlesiens und Ostpreußens gibt es verblüffende Ähnlichkeiten. Der Wandel zu einer leichteren, internationalen Gastronomie lässt, abgesehen von den Großstädten, noch auf sich warten. Die Polen lieben Fleisch und schwere Saucen, Salat und Gemüse sind Nebensache. Gekocht wird mit viel Fett, so dass ein Wodka nach dem Essen wohl tut.

Ob der Wodka polnischen oder russischen Ursprungs ist, darüber scheiden sich bis heute die Geister. Urpolnisch scheint jedenfalls der Bigos zu sein, ein Eintopf, der in den einfachsten Gaststätten wie in den exklusivsten Restaurants serviert wird. Der echte Bigos muss aus edlen Zutaten bestehen, aus Wild, Steinpilzen und trockenem Rotwein. Das Gericht muss mindestens einen Tag vor dem Verzehr zubereitet werden; manche sagen gar, dass es mit jedem Aufwärmen besser schmeckt.

Viele sehen die Stärke der polnischen Küche in den Suppen, die es in unglaublicher Vielfalt gibt. Vornan steht die berühmte Rote-Bete-Suppe, Borschtsch *(barszcz)*. Es gibt sie als klare Suppe *(barszcz czysty)*, mit Fleischtaschen, sog. Öhrchen *(barszcz z uszkami)*, süßlich mit Sahne *(barszcz zabielany)* und als *Botwinka*, bei der die Rote-Bete-Blätter in der Suppe gelassen werden.

Chłodnik, eine kalte Borschtsch-Variante aus roter Bete, Dickmilch, Sahne, Gurken, Schinken und einem hartgekochten Ei, ist das ideale Gericht für heiße Sommertage.

Im ganzen Land ebenso beliebt ist der *żurek*, eine saure Roggenmehlsuppe, die man mit Kartoffeln, Wurst und Ei zubereitet. *Czernina*, Gänseblutsuppe, und *flaki*, Kuttelsuppe, sind dagegen nicht jedermanns Sache. *Czernina* findet man heute selten, allgegenwärtig sind dagegen die *flaki*. Die Kuhmägen (Kutteln) werden stundenlang gekocht und in einer pikanten Brühe serviert.

Bei den Hauptspeisen geht es weniger exotisch zu. Von den Bigos-Eintöpfen war bereits die Rede. Beliebt sind v. a. alle möglichen Fleischgerichte – Vegetarier haben es schwer in Polen. Als Beilage wird manchmal Buchweizengrütze *(kasza gryczana)* gereicht. Besonders zu empfehlen sind Piroggen *(pierogi*, Teigtäschchen), die mit Fleisch *(pierogi z mięsem)*, Kraut und Pilzen *(pierogi z grzybami i kapustą)* oder Bauernkäse *(pierogi ruskie)* gefüllt werden.

Internationale Einflüsse

Die polnische Küche erinnert an die untergegangene Multinationalität des ersten polnischen Staates. Die Deutschen steuerten das Eisbein (»golonka«) und andere Fleischgerichte bei, die Ukrainer ihren Borschtsch (»barszcz«), die Litauer Brühe mit Fleischtaschen (»rosół z koldunami«), die Juden schließlich ihre ausgezeichneten Karpfengerichte, etwa »karp po żydowsku« (zu Deutsch: »Karpfen auf Polnisch«).

Die berühmten Krakauer Würste

Im Norden Polens hat man den Wald, die Seen und Flüsse direkt vor der Haustür, so dass hier Fisch- und Wildgerichte an erster Stelle stehen. Eine riesige Auswahl an Pilzen und Beeren vervollständigt das Angebot der Natur. Die feinsten Speisen bestehen traditionell aus Wildbret, die Karte bietet im Herbst und Winter frischen Fasan, Hasen, Reh und Wildschwein. Die Angler bringen mit etwas Glück Stör, Wels, Aal, Hecht, Zander oder eine Maräne nach Hause.

Eine riesige Kuchenauswahl oder *kompot,* in viel Wasser und Gewürzen gekochtes Obst, das eher als Getränk denn als Früchtecocktail bezeichnet werden muss, beschließen das üppige Mahl.

Trinkgewohnheiten

Herbata alias Tee wird traditionsgemäß in Gläsern serviert. Aus einer kleinen Teekanne mit vorbereiteter *esencja* wird etwas Tee-Essenz eingeschenkt und mit heißem Wasser aufgegossen. Man trinkt den Tee mit viel Zucker und ohne Milch. Ein Glas Tee gehört unbedingt zur polnischen Gastfreundschaft. Kaum hat der Gast ein Haus betreten, wird Tee angeboten. Vermutlich werden Sie nie wieder so viel Tee trinken wie in Polen! *Kawa,* also Kaffee, wird meist *po turecku,* auf türkisch, serviert, d. h. der Kaffeesatz bleibt im Glas. Unter den alkoholischen Getränken dominieren eindeutig Bier und Wodka. Das polnische Bier schmeckt in der Regel etwas milder als deutsches Bier. Zu den bekanntesten Sorten gehören: Żywiec, Okocim, EB (in Elbląg und Braniewo), Tychy und das Posener Lech. Von den lokalen Marken im Norden des Landes sollte man Heweliusz in Danzig und Brok in Koszalin (Köslin) probieren.

Das Restaurant Tawerna in Danzig

Sklep monopolowy, also Spirituosengeschäfte, offerieren eine so große Auswahl an Wodkamarken, dass jeder Freund des starken Wässerchens schwach wird. Ob Roggen- *(Żytnia)* oder Kartoffelwodka, mit Strohhalm *(Żubrówka)* oder ohne, koscher *(Koszerna),* simpel oder in Luxusausführung (*Chopin,* mit einem Konterfei des Komponisten auf der Rückseite, das durch die schlanke, elegante Flasche von vorn zu sehen ist), ganz gleich: Man hat die Qual der Wahl. Dass das Riesenangebot den immensen Wodkakonsum der Bevölkerung – eines der größten sozialen Probleme des Landes – nicht eindämmen wird, liegt auf der Hand.

Urlaub aktiv

(s. auch Special S. 10/11)

Wassersport

Wassersportfreunde, ob mit Kanu, Paddel-, Ruder- oder Segelboot unterwegs, finden in den Seengebieten Nordpolens ihr Paradies. Außerdem kann man das herrliche Nass natürlich auch auf dem Surfbrett, dem Wasserski oder einfach auf der Luftmatratze genießen. Ausrüstungen werden in allen größeren Ferienorten vermietet.

Mit dem eigenen oder einem gemieteten Boot können Sie in Masuren Hunderte von Kilometern schippern: Die größten Seen zwischen Węgorzewo (Angerburg) im Norden und Ruciane (Rudczanny) im Süden sind durch Kanäle und Schleusen verbunden.

Auch die Oberländischen Seen bei Iława (Deutsch-Eylau) erlauben es, weite Strecken ohne Unterbrechung, inklusive des Oberländischen Kanals (s. S. 78), allein von Wind oder Muskelkraft angetrieben, zurückzulegen. Man übernachtet am besten auf einem der mehr oder weniger offiziellen Biwakplätze am Ufer.

Die berühmteste, da vermutlich schönste Kanustrecke, führt auf der Krutynia (Kruttinna) von Sorkwity bis zur Mündung in den Bełdan-See. Als Alternative gelten die Flüsse Radunia (Radaune) in der Kaschubei, Czarna Hańcza östlich von Masuren sowie Drawa (Drage) und Parsęta (Persante) in Pommern.

i **Polnischer Kanutenverband** (Polski Związek Kajakowy, Komisja Turystyki i Rekreacji), ul. Ks Józefa 24 a, 30205 Kraków, Tel. 0 12/4 27 10 81 (dort gibt es Routenvorschläge mit vielen Informationen).

Wandern

Polen besitzt einige der schönsten Wandergebiete Europas. Im Norden sind es hauptsächlich Masuren und die Nationalparks mit markierten Pfaden (Karten an Kiosken und in Buchhandlungen).

Zeltplätze und Wanderheime der PTTK (s. S. 28) liegen am Rande der Parks. Von Deutschland aus werden auch zahlreiche organisierte Studien- und Wanderreisen angeboten.

Rad fahren

Nordpolen ist das ideale Urlaubsland für Radfans, ganz vorne liegt Masuren. Trotz des zunehmenden Verkehrsaufkommens sprechen die immer noch wenig befahrenen Asphaltstraßen sowie die abwechslungsreiche, hügelige Landschaft, die aber nie zu steil wird, für die Mitnahme des Fahrrads. Meiden Sie unbedingt die Schnellstraßen, der landesübliche Fahrstil lässt eine solche Strecke zum Horrortrip werden. Wenn Sie Ihren Drahtesel mit dem Zug transportieren lassen wollen, erkundigen Sie sich, ob der Zug einen Gepäckwagen besitzt oder ob Sie einfach so mit dem Rad (mit einem Gepäckticket) einsteigen dürfen. Nur bei wenigen Euro-/Intercity-Zügen ist dies nicht möglich.

Es ist ratsam, Flickzeug, das nicht überall in Polen erhältlich ist, sowie ein gutes Schloss mitzunehmen (vor allem Markenfahrräder werden, besonders in Städten, häufig gestohlen; nehmen Sie Ihr Rad nachts mit ins Zimmer). In einigen großen Hotels Masurens kann man Räder leihen. In Deutschland werden auch Fahrradreisen (manchmal in Kombination mit einer Studienreise) angeboten.

Reiten

Der Reitsport ist in Polen beliebt und gut organisiert. Es gibt zahlreiche Gestüte, neuerdings auch immer mehr private Reitzentren (einige davon sind den Hotels in Masuren angeschlossen, z. B. »Mrongovia« in Mrągowo,»Gołębiewski« in Mikołajki). Zwei bekannte Gestüte, in denen Sie Ihren Urlaub verbringen können, sind das Łobez (70 km nordöstlich von Stettin) sowie das Hubertus-Gestüt, Biały Bór, südöstlich von Koszalin (Köslin). Vom 1. bis 4. November wird hier jedes Jahr die traditionelle St.-Hubertus-Parforcejagd abgehalten (Klub Sportowy »Hubertus«, ul. Kolejowa 2, 78425 Biały Bór, Tel. 0 94/3 73 90 46).

Polnischer Reitverband (Polski Związek Jeździecki), Cegłowska 68/70, 01809 Warszawa, Tel. 0 22/834 73 21, Fax 834 52 28. Infos auch bei Orbis, Warschau, Tel. 0 22/6 35 16 06. Infos auch beim Polnischen Fremdenverkehrsamt (s. S. 100).

Angeln

Die Ostsee und vor allem die Masurische Seenplatte sowie die sauberen Flüsse in wunderschöner Umgebung sind ein wahres Dorado für Angler. Tagsüber werden die Körbe mit Salz- und Süßwasserfischen (Hechte, Barsche, Zander) gefüllt, nachts kann man in romantischen Fischerhütten schlafen.

Es dürfen nur natürliche Köder benutzt werden. Den Angelschein sowie eine Aufstellung von Schonzeiten bekommt man in größeren Hotels, in den örtlichen Reisebüros oder beim **Polnischen Anglerverband** PZW, ul. Twarda 42, 00105 Warszawa, Tel. 0 22/ 6 20 89 66, 6 20 51 96, Fax 6 20 50 88.

Jagen

Die weiten Wälder Masurens locken im Herbst Hobbyjäger. Eine Genehmigung zur Mitnahme von Jagdgewehren und Munition ist bei den polnischen Konsulaten einzuholen, die auch Auskunft über die Gebühren geben. Jagdreisen müssen von einem offiziellen Veranstalter organisiert werden.

Wenden Sie sich an ein Spezialbüro wie z. B. **Eduard Kettner Jagdreisen,** Matthias-Brügen-Str. 80, 50827 Köln, Tel. 02 21/92 01 35 16, Fax 92 01 35 17.

Unterkunft

Vom einfachen bis zum luxuriösen Hotel, vom Motel bis zum Privatzimmer – jeder wird ein Plätzchen finden, um sein müdes Haupt zu betten. Die neuen Häuser bieten meist mehr Komfort als die spätsozialistischen Hotels, die einst alle der Firma »Orbis« gehörten und heute teils privatisiert sind. Rühmliche Ausnahmen sind z. B. das Orbis-Hotel Mrongovia in Mrągowo (Sensburg) und das Marina in Gdańsk (Danzig).

Im Juli und August sind in Polen Schulferien. Dann verbringen etliche Polen und viele Deutsche ihren Urlaub an der Küste und in Masuren – vorherige Buchung ist zu empfehlen.

An den Schnellstraßen sind **Motels** wie Pilze aus dem Boden geschossen. Auch die ehemaligen Betriebsheime passen sich als **Urlaubsheime** der neuen Zeit an und öffnen ihre Tore den Touristen. An der Küste sowie in Masuren sind **Privatzimmer** sehr beliebt. Die Touristeninformationen oder Zimmervermittlungen *(biuro zakwaterowania)* finden immer eine passende Unterkunft. Häufig sind freie Zimmer am Haus angezeigt (*noclegi* oder *pokoje*, auch auf Deutsch: Zimmer frei).

Tipp **Ferienhäuser** findet man im Internet unter www.ferienhaus-polen.net. **Ferien auf dem Bauernhof** werden unter www.agritourism.pl vermittelt. Ferienhäuser und -wohnungen sowie Bauernhöfe in Masuren sind unter www.masuren-privat.de aufgeführt.

Neben den ganzjährig geöffneten **Jugendherbergen** werden im Sommer Schulen zu Jugendunterkünften umfunktioniert; von den 200 JHs in Polen liegen viele an der Ostseeküste und in Masuren. Eine Liste sowie der Jugendherbergsausweis (25 % Ermäßigung) sind in jeder Herberge erhältlich.

i **IYHF,** ul. Chocimska 28, 00791 Warszawa, Tel./Fax 0 22/ 8 49 81 28 oder 8 49 83 54.
▮ Vergleichbar sind die Herbergen der **Polnischen Gesellschaft für Touristik und Landeskunde** (PTTK, ul. Świętokrzyska 36, 00116 Warszawa, Tel. 0 22/6 20 82 41, Fax 6 20 42 07).

Hunderte von **Campingplätzen** warten auf Gäste. Die Plätze der obersten Kategorie besitzen Sanitäranlagen, Strom, häufig ein Restaurant und ein Lebensmittelgeschäft – und sind bewacht, Ihr Auto ist also sicher. Die mittlere Kategorie bietet nur einfache Sanitäreinrichtungen. Die meisten Plätze sind vom 15.6.–30.9. geöffnet. Die Kosten liegen pro Person/Tag zwischen 2 und 4 Euro, pro Zelt 1,25–2,50 Euro, pro Pkw 1–2 Euro, pro Anhänger und Wohnwagen 1,50–2 Euro. Die unbewachten Zeltplätze *(miejsca biwakowe)* liegen zwar malerisch, haben aber keine sanitären Einrichtungen.

Eine Alternative zum Zelt bilden Bungalows, die man auf vielen Campingplätzen mieten kann. Ein Verzeichnis erhalten Sie beim Polnischen Fremdenverkehrsamt; sehr nützlich ist die Karte *Campingi w Polsce* (Buchhandlung/ Kiosk). Wildes Campen ist verboten, auch wenn manchmal ein Auge zugedrückt wird. Eine Erlaubnis des Försters oder Grundstückseigentümers (gelegentlich gegen kleines Entgelt) schafft Abhilfe.

i **Polska Federacja Campingu i Caravaningu,** ul. Grochowska 331, 03838 Warszawa, Tel./Fax 0 22/8 10 60 50.

Reisewege und Verkehrsmittel

Anreise

Am schnellsten nach Nordpolen kommen Sie per Flugzeug von Hamburg direkt nach Gdańsk (Danzig). Wer mit dem Auto unterwegs ist, wird die polnische Grenze in Pomellen/Kołbaskowo (bei Szczecin/Stettin) oder Świecko (bei Frankfurt a.d. Oder) passieren. Die günstigsten Anreisewege per Bahn führen von Berlin nach Warschau oder Stettin. Zwei Eurocity-Züge nach Warschau machen die Anreise nach Masuren via Hauptstadt zur schnellsten. Im Sommer verkehrt einmal pro Woche ein TUI-Autozug von Hannover nach Iława (Deutsch-Eylau).

Von vielen Städten Deutschlands aus fahren mehrmals in der Woche Busse diverser polnischer Privatfirmen in die verschiedenen polnischen Städte. Die Routen und Fahrpläne, der Komfort der Busse und nicht zuletzt die Seriosität dieser Busfirmen variieren stark, doch ist dies in der Regel die preiswerteste Art der Anreise. (Infos in den Busbahnhöfen deutscher Städte.)

In den Sommermonaten werden von den deutschen Ostseebädern Heringsdorf, Bansin und Ahlbeck sowie von Saßnitz Ausflugsfahrten per Schiff nach Swinoujscie angeboten, außerdem verkehrt ein Ausflugsschiff von Berlin nach Szczecin (Stettin).

Reisen im Land

Mit der Bahn

Per Bahn erreichen Sie zwar fast jeden Ort, doch sind die Züge langsam und oft überfüllt; Expresszüge verkehren

Hafenrundfahrt in Danzig

nur zwischen den großen Städten. Die preiswerten Fahrkarten kauft man am Schalter im Bahnhof; eine Platzreservierung ist ebenso zu empfehlen (Bahnhof, Orbis-Büros) wie die 50 % teureren Fahrkarten der ersten Klasse. Auf den Bahnhöfen gibt es sichere Gepäckaufbewahrungen *(przechowalnia bagażu)*. Bahnpässe für 7, 14, 21 oder 30 Tage lohnen nur für Vielfahrer.

Mit dem Bus

Der Bus ist im Nahverkehr (PKS; Auskunft in Gdańsk: Tel. 0 58/3 02 15 32) die bessere Alternative. Die Busbahnhöfe (Dworzec PKS) liegen oft neben den Zugbahnhöfen. Fahrkarten kauft man am Schalter oder beim Fahrer.

Mit dem Flugzeug

Flughäfen gibt es in Szczecin (Stettin), Koszalin (Köslin), Słupsk (Stolp) und Gdańsk (Danzig). Sie werden regelmäßig von der LOT von Warschau aus angeflogen (Auskunft in Gdańsk: Tel. 0 58/3 01 11 61).

Mit dem Auto

Wer mit dem eigenen Wagen reist, braucht den Kfz-Schein, seinen nationalen Führerschein, einen Aufkleber mit dem Nationalitätskennzeichen auf Auto und ggf. Anhänger sowie die Grüne Versicherungskarte (für einen Anhänger ist eine zusätzliche Karte erforderlich). Der Zustand der Straßen ist allgemein gut.

Offizielle Geschwindigkeitsbegrenzungen sind 60 km/h in Ortschaften, 90 km/h außerhalb und 110 km/h auf Schnellstraßen. Achtung: Der landesübliche Fahrstil ist ausgesprochen rasant! Die Promillegrenze liegt bei 0,2. Es herrscht generell Anschnallpflicht, im Herbst und Winter ist Abblendlicht auch am Tag Vorschrift. Vorfahrt hat das Auto im Kreisverkehr und grundsätzlich jede Straßenbahn.

An Bahnübergängen ist Vorsicht geboten; man überquert sie besser nur im zweiten Gang, da man sonst einen Achsenbruch riskiert.

Der Abschluss einer Kurzkasko- und einer Insassenversicherung ist empfehlenswert. Wegen der hohen Diebstahlsgefahr lassen deutsche Autoverleihfirmen nur selten einen Mietwagen nach Polen fahren. Im Land selber gibt es inzwischen Niederlassungen aller größeren internationalen Leihwagenfirmen mit Preisen, die den deutschen entsprechen.

i **Avis,** ul. Wały Jagiellońskie 2/4, Gdańsk, Tel. 0 58/3 01 88 18, sowie am Flughafen.
▮ pl. Rodła 10 (im Hotel Radisson), Szczecin, Tel. 0 91/3 59 51 27.

Polen war wohl das einzige Land der Welt, wo das Trampen institutionalisiert war; bei den Wandervereinen bekam man für ein geringes Entgelt eine Autostoppversicherung. Seit der Wende ist dies passé. Heute trampt man entweder nach westeuropäischer Sitte mit ausgestrecktem Daumen oder man winkt mit der Hand. Gelegentlich wird eine Beteiligung an den Benzinkosten erwartet.

Autoklau

Damit Sie mit Ihrem eigenen Wagen auch wieder nach Hause fahren können, sollten Sie ihn in größeren Orten und in der Nacht grundsätzlich nur auf bewachten Parkplätzen abstellen. Lassen Sie keine Sachen sichtbar im Auto liegen (auch kein teures Radio oder Handy). Es werden leider sehr viele Autos gestohlen – BMW, Mercedes sowie VW-Golf sind die Lieblingsmarken der Diebe – und in der Regel im Handumdrehen in die GUS-Staaten geschafft.

Stadtverkehr

In jeder größeren Stadt verkehren Busse, Straßenbahnen und in einigen Städten auch Oberleitungsbusse, die meist von 5.30 bis 23 Uhr im Einsatz sind. In der Nacht fahren relativ selten Nachtbusse, für die ein höherer Tarif gilt. Die Fahrkarten *(bilety)* kauft man an einem der vielen Kioske. Man muss die Tickets unmittelbar nach dem Einsteigen entwerten. In der Dreistadt, Gdańsk / Sopot / Gdynia, gibt es eine Art S-Bahn (Endstation beim Danziger Hauptbahnhof), die diese Städte miteinander verbindet.

Eine Alternative sind Taxis (unbedingt prüfen, ob der Taxameter eingeschaltet wurde!). Nach 22 Uhr, manchmal auch erst nach 23 Uhr, an Sonn- und Feiertagen sowie über die Stadtgrenzen hinaus steigen die Preise um 50 %. Bei Stadtführungen oder Ausflügen mit deutschsprachigen Taxifahrern sollte man den Preis unbedingt vorher aushandeln.

**Gdańsk (Danzig)

Seite 39

Aus Schutt und Asche wiedergeboren

An der Mündung der Motława (Mottlau) in die Martwa Wisła (Tote Weichsel) liegt ein Juwel Polens, ein Meisterstück polnischer Restauratorenkunst: Danzig ist mit seinem prächtigen Stadtbild neben Warschau die größte nach 1945 detailgetreu wieder aufgebaute Metropole des europäischen Kontinents. Im 16. und 17. Jh. war Danzig die mächtigste Stadt an der Ostsee; heute hat es den Touristen eine Menge zu bieten, von der größten historischen Backsteinkirche der Welt bis zu den schönsten Bernsteinerzeugnissen. Wandeln Sie durch Rechtstadt, Altstadt und alte Vorstadt auf den Spuren vergangener Zeiten, als sich reiche Kaufleute an ihren Beischlägen, dem typischen Danziger Häuservorbau, trafen. Trinken Sie ein Goldwasser im legendären »Lachs« und tauchen Sie ein in die Menschenmassen am Hafenkai.

Die größte Stadt Nordpolens zählt rund 464 000 Einwohner, zusammen mit Sopot und Gdynia sind es sogar fast 800 000 Einwohner. Mindestens drei Tage werden Sie brauchen, um Danzig und Umgebung wenigstens oberflächlich kennen zu lernen.

Geschichte

Die Geschichte Danzigs ist zwischen deutschen und polnischen Nationalisten umstritten; beide Seiten berufen sich auf einzelne Aspekte der Vergangenheit. Die einen aber übersehen, dass die Stadt aus freier Entscheidung

Szenen aus Danzigs Historie im Roten Saal des Museums für Stadtgeschichte

den Anschluss an Polen suchte, die anderen vergessen nur zu gern, dass bis 1945 Deutsche die überwiegende Mehrheit der Einwohner waren. Die Geschichte widerspricht eben denjenigen, die alles schwarz oder weiß malen möchten.

Die 1000-jährige Stadt

Ein römischer Chronist erwähnte bei der Schilderung der Missionsreise des hl. Adalbert 997 eine Wehrsiedlung namens Gydanyzc, und so feierte Gdańsk 1997 sein 1000-jähriges Bestehen. Als Hauptstadt eines eigenständigen slawischen Herzogtums war es schon im 12. Jh. ein bekanntes Handelszentrum. 1225 ließen sich hier die ersten Lübecker Kaufleute nieder.

1308 nahm der Deutsche Orden von der Stadt Besitz, die damals erheblich wuchs. Doch ihre Bewohner, die sich der Hanse anschlossen, fühlten sich von den Ordensrittern bevormundet. 1454 baten die deutschen Danziger den polnisch-litauischen König um Schutz – nationale Überlegungen waren im Mittelalter unbekannt – und kämpften an seiner Seite im Dreizehnjährigen Krieg gegen den Deutschen Orden. Der Lohn nach Kriegsende war

Seite 39

der Status einer freien Stadt innerhalb der polnischen Monarchie. Um 1600 war Danzig mit 50 000 Einwohnern, hauptsächlich Deutschen, aber auch Holländern, Schotten und Polen, die mächtigste Stadt der Vielvölkermonarchie. Man prägte eigene Münzen, besaß eine eigene Gerichtsbarkeit und unterhielt eine Bürgerwehr.

Von den Preußen zur Solidarność

Danzig fiel in der Zweiten Polnischen Teilung 1793 an Preußen, wurde in der napoleonischen Zeit Freistadt und stand von 1920 bis 1939 – mit einem deutschen Bevölkerungsanteil von etwa 90 % – unter der Kontrolle des Völkerbundes.

In Danzig begann am 1. September 1939 um 4.45 Uhr mit den Schüssen des Panzerschiffs »Schleswig-Holstein« auf den polnischen Stützpunkt auf der Westerplatte der Zweite Weltkrieg. Nach dessen Ende war die »Perle der Ostsee« ein Trümmerfeld: 90 % des Stadtkerns lagen in Schutt und Asche. Die Vertreibung der deutschen Bevölkerung ging mit der Besiedlung durch Polen einher, von denen viele aus dem nun sowjetisch gewordenen Litauen ausgesiedelt worden waren. 1948 beschloss der polnische Staat, Danzig wieder aufzubauen. Um 1960 war die Rekonstruktion der Rechtstadt weitgehend abgeschlossen.

Auch die jüngste politische Umwälzung begann in Danzig: Die blutig niedergeschlagenen Aufstände der Werftarbeiter 1970 sollten den Auftakt zur »Solidarność-Revolution« von 1980/81 bilden (s. S. 20).

Stadtbesichtigung

Rund vier Stunden sollten Ihre Füße Sie tragen, wenn Sie dem beschriebenen Rundgang folgen wollen. Mühelos zu Fuß erreichbar sind auch das Nationalmuseum und das Denkmal für die gefallenen Werftarbeiter von 1970. Wer die Westerplatte besuchen möchte, sollte mit dem Schiff von der Anlegestelle »Zielona Brama« fahren (an der Motława, beim Grünen Tor). Die Besichtigungspunkte in der sogenannten Dreistadt (Trójmieście) – neben Danzig mit Vororten (z. B. Oliwa) zählen Sopot (Zoppot) und Gdynia (Gdingen) dazu – sind am besten per S-Bahn (Endstation beim Danziger Hauptbahnhof), Straßenbahn oder Taxi zu erreichen. Für den Besuch von Oliwa, Sopot und Gdynia sollte man – inklusive eines kurzen Strandvergnügens – einen ganzen Tag einplanen.

Der Geist der Freiheit

Dreimal ließen sich die Polen vom Kommunismus betrügen: 1945 halfen sie unter dem neuen Regime, das Land aufzubauen, in der Überzeugung, dass es ihnen damit auch nicht schlimmer ergehen könne als unter der NS-Besatzung – sie hatten ohnehin keine andere Wahl. 1956 wurde ihnen der »Sozialismus mit menschlichem Antlitz« versprochen, auf den sie dann vergeblich warteten. Und 1970 zeichnete der neue Parteisekretär Edward Gierek ein verheißungsvolles Bild vom »Zweiten Polen«, in dem die soziale Absicherung des Kommunismus mit den finanziellen Vorteilen des Kapitalismus eine glückliche Symbiose eingehen sollte.

»Do trzech razy sztuka«, »Nach drei Versuchen ist es mit der Kunst vorbei!«, sagt ein polnisches Sprichwort. 1980 waren die Kredite

Seite 39

Am Kohlemarkt

Ausgangspunkt des Stadtbummels durch das eigentliche historische Zentrum ist der Kohlemarkt (Targ Węglowy), der den Anfang der historischen Stadt Danzig markiert, einige hundert Meter vom neogotischen Hauptbahnhof entfernt. Das ***Hohe Tor** (Brama Wyżynna) ❶, ein massiver Bau aus dem 16. Jh., bildet den repräsentativen Westeingang. Alle polnischen Könige, die Danzig einen Besuch abstatteten, zogen durch dieses Tor in der Bastionenbefestigung in die Stadt ein. So prangt neben dem Königswappen Königlich-Preußens und dem Wappen der Stadt auch der polnische Adler.

Das innere Tor in der mittelalterlichen Wehrmauer, das sogenannte ***Goldene Tor** (Złota Brama) ❷, wurde erst zu Anfang des 17. Jhs. errichtet. Der flämische Architekt Abraham van den Blocke brachte hier Elemente eines römischen Triumphbogens ein. Den oberen Abschluss bildet eine Balustrade, bekrönt von Skulpturen, die die Tugenden der Stadt verkörpern: u. a. Freiheit, Ruhm, Reichtum und Frieden.

Weiter geht's zum **Langen Markt

Das Goldene Tor bildet den Zugang zur ***Langen Gasse** (ulica Długa) ❸, dem »Königsweg« Danzigs. Herrliche Bürgerhäuser aller Stilepochen säumen

des Westens aufgebraucht – besser gesagt vergeudet –, die Läden waren leer, Preiserhöhungen standen bevor, und die Geduld der Menschen ging zu Ende. Die bereits zuvor aufgeflackerten Streiks breiteten sich Ende August 1980 zum Flächenbrand aus. Als der damals noch vollkommen unbekannte Elektriker Lech Wałęsa über den Zaun der Danziger Werft sprang, um sich der Arbeitsniederlegung anzuschließen und Anführer der Streikenden zu werden, war dies das erste Bild des neuen Polen, das um die Welt ging. Es folgten weitere: Bilder von der Kapitulation des Regimes und der Zulassung der unabhängigen, 10 Mio. Mitglieder zählenden Gewerkschaft »Solidarność«.

Eineinhalb Jahre später änderte sich die Szenerie: Die Welt sah die rollenden Panzer, Verhaftungen, Bilder des Widerstands, der Apathie und der wirtschaftlichen Misere.

Immer wieder machten gerade die Danziger von sich reden: Bei der friedlichen Machtübergabe der Kommunisten 1989, in den ersten frei gewählten Regierungen und schließlich in der Person des »Großen Elektrikers«, der erster Präsident des demokratischen Polen wurde.

Man meint in den Taten der Werftarbeiter und Politiker den Geist vergangener Zeiten zu spüren. Man erinnert sich an die Zeiten Danzigs als stolze, den Mächtigen trotzende Patrizierstadt, oder an die Auflehnung eines Oskar Matzerath, den Grass in seiner »Blechtrommel« zum Leben erweckte. Dieser Geist herrschte auch in den Gassen der Danziger Rechtstadt, in den Werften und grauen Betonklötzen, als der Anfang vom Ende einer den Kontinent spaltenden Unrechtsideologie eingeläutet wurde.

Seite 39

Der Neptunbrunnen

die Prachtstraße. Schauen Sie sich das **Uphagenhaus** (1776; Nr. 12) an, das schon vor dem Krieg Museum mit stilvollem Rokoko-Interieur war; nach einem halben Jahrhundert wurde es zur Tausendjahrfeier 1997 wiedereröffnet (Di–Sa 10–16, So 11–16 Uhr).

Die Lange Gasse führt Richtung Osten und mündet in den **Langen Markt** (Długi Targ). Hier wird offensichtlich, dass die polnischen Restauratoren zu Recht Weltruhm genießen: Rathaus, Artushof, Grünes Tor und mehrere Bürgerhäuser erstrahlen in alter Pracht, als wären sie niemals zerstört gewesen.

Am Langen Markt schlägt seit eh und je das Herz der Stadt. Seit einigen Jahren herrscht hier wieder ein farbenfrohes Treiben: Bunte Sonnenschirme schmücken die Tische der zahlreichen Cafés, Straßenhändler bieten ihr großes Sortiment feil, Künstler offerieren mehr oder weniger gelungene Kunstwerke, und Pantomimen geben ihre Vorstellungen. Den wiedergewonnenen Anschluss an die Welt verkörpern die überall bekannten Gruppen von musizierenden Peruanern ebenso wie Hare-Krishna-Jünger.

Ein bei Einheimischen wie bei Touristen beliebter Treffpunkt ist der **Neptunbrunnen** (Fontanna Neptuna; 1615): Der mit einer Harpune bewaffnete göttliche Beherrscher der Meere steht für die Stadt Danzig als Herrscherin über die Ostsee. Den Mittelpunkt des Langen Marktes bildet das ****Rechtstädtische Rathaus** (Ratusz Głównego Miasta) ❹, mit seinem über 80 m hohen Turm der wohl berühmteste gotische Profanbau Danzigs. Er entstand in mehreren Bauphasen seit 1327. Zum Langen Markt hin ausgerichtet ist die hohe Schaufassade mit schlanken Spitzbogen-Blendarkaden und zwei eleganten Erkertürmchen. Die Spitze des Hauptturms mit einer

Dominikanermarkt

Jedes Jahr im August wird die Rechtstadt zu einem einzigen großen Jahrmarkt. Bis ins Mittelalter geht die Tradition des Dominikanermarktes (Jarmark Dominikański) zurück. Imbissbuden und Souvenirstände, Musikkapellen und Biergärten – die Rechtstadt wird zum Tummelplatz von Einheimischen und Touristen. Unter Kennern wie Freunden schöner Dinge geschätzt sind die Antiquitätenstände, auch wenn es mittlerweile schwierig geworden ist, unter viel Kitsch und Trödel eine wirkliche Rarität oder Kostbarkeit zu entdecken. Sollten Sie tatsächlich fündig werden, müssen Sie bedenken, dass man für alle vor 1945 hergestellten Gegenstände eine Ausfuhrgenehmigung benötigt (s. S. 94).

Das Grüne Tor führt zum Hafen an der Mottlau

vergoldeten Statue des polnisch-litauischen Herrschers Sigismund II. August sowie die Innenräume kündigen schon den Manierismus an. Heute bildet das ehemalige Rathaus den stilvollen Rahmen für das **Museum der Stadtgeschichte** (Di–Sa 10–16, So 11–16 Uhr); herausragendes Beispiel der prunkvollen Ausstattung ist der *Rote Saal (Czerwona Sala), in dem die Ratsherren tagten: 25 große, in runde und eckige Goldrahmen gefasste Bilder, die nach den Entwürfen von Vredeman de Vries gemalt wurden, verzieren die Decke und Teile der Wände.

Hinter dem Neptunbrunnen steht der ***Artushof** (Dwór Artusa) ❺, benannt nach König Artus. Hier hielten die Kaufleute ihre Versammlungen ab, hier fanden ihre gesellschaftlichen Veranstaltungen statt – die Reichen wollten dem Adel nicht nachstehen. Hinter den Mauern verbirgt sich ein einziger Saal, den ein elegantes Palmengewölbe auf zwei schlanken Säulen überspannt. Von unten betrachtet erinnern die fächerförmig ausstrahlenden Rippen tatsächlich an Palmen. Die Fassade mit den drei spätgotischen Fenstern stammt ursprünglich von 1481, wurde aber 1617 von Abraham van den Blocke manieristisch umgestaltet. (Di–Sa 10–16, So 11–16 Uhr.)

Seite 39

Aus den Bürgerhäusern am Langen Markt ragt das ***Goldene Haus** (Złota Kamienica; Nr. 1) aus dem 17. Jh., nach einem späteren Besitzer auch Steffenshaus genannt, hervor. Vergoldete Reliefs und Ornamente schmücken die hohe, schlanke Fassade. Antike Gestalten krönen das wohl schönste Patrizierhaus Danzigs: Kleopatra, Antigone, Achilleus und Ödipus.

*Grünes Tor ❻ und Hafen

Das Tor (Zielona Brama; 1568), das den Langen Markt im Osten beschließt, führt zum Hafen an der Mottlau. Städtebaulich war Danzig immer Richtung Wasser ausgerichtet. Die wichtigsten Straßen verliefen nicht parallel zum Fluss, sondern auf die Mottlau und den Hafenkai zu. Der Hafenkai war zu allen Zeiten nicht nur Warenumschlagplatz, sondern auch beliebte Promenade der Danziger, und so ist es bis heute geblieben. Von einem der zahlreichen Cafés oder Eisdielen aus kann man stundenlang dem Treiben zusehen, Postkarten schreiben oder sich vom Stadtbummel und den zahlreichen Eindrücken erholen. Junge Paare, Familien, unzweideutig an ihren Fotoapparaten erkennbare Touristen, Jugendliche, alte Frauen, die ihre Dienste als Handleserinnen anbieten – Menschen jeden Alters bevölkern diesen Teil der Stadt.

Danzigs Wahrzeichen

Akzente im Stadtbild setzen die mächtigen Tore. Neben dem Grünen Tor sind dies das **Brotbänkertor** (Brama Chlebnicka) und das **Frauentor** (Brama Mariacka). Wahrzeichen der Stadt ist das viel fotografierte ***Krantor** (Żuraw) ❼. Im Inneren des Backsteinbaus von 1444 wurden zwei senkrechte Treträder rekonstruiert, die v. a. zum Aufrichten der Schiffsmasten dienten. Hier fand das **Meeresmuseum** (Cen-

Seite 39

tralne Muzeum Morskie; Di–So 10–16 Uhr, Juli/Aug. bis 18 Uhr) eine Heimat. Eine Fähre setzt alle 15 Min. zur *Museumsdependance auf der Speicherinsel über, wo u. a. Funde aus dem 1627 versunkenen schwedischen Kriegsschiff »Solen« ausgestellt sind.

Malerische **Frauengasse ❽

Das Frauentor führt zur gleichnamigen Gasse (ulica Mariacka). Hier können Sie vor den Häusern terrassenartige Vorbauten sehen: Die so genannten Beischläge waren einst charakteristisches Merkmal der Ostseestädte. Im reichen Danzig sind sie ganz besonders kunstvoll gestaltet und auch ungewöhnlich breit. Nachdem die Beischläge ihre ursprüngliche Funktion als Eingänge in die zur Straße hin erweiterten Speicherkeller verloren hatten, dienten sie vor allem als Orte der Begegnung. In den Kellern etablierten sich Läden und Galerien, im Erdgeschoss findet man hier und da ein Café. Für romantische Stimmung in der »Gasse der Verliebten« sorgen im Sommer die Flötenspieler.

Das Erscheinungsbild der Frauengasse – einmalig im gesamten Ostseeraum – versetzt Sie in eine andere Zeit. Der besonderen Atmosphäre war sich auch Regisseur Franz Peter Wirth bewusst, der den berühmten Thomas-Mann-Roman »Die Buddenbrooks« verfilmte. Er zog die Danziger Frauengasse dem Lübecker Originalschauplatz als Kulisse vor.

Heute haben sich in der Frauengasse zahlreiche kleine Galerien und Kunstgewerbeläden eingerichtet, in denen auch der anspruchsvolle Käufer schönen Bernsteinschmuck entdecken kann.

Das Krantor – Wahrzeichen Danzigs

Blick auf die berühmte Frauengasse

Die **Marienkirche ❾

Ihre schlanken Ziertürme markieren das Ende der Frauengasse. Das Gotteshaus (kościół Mariacki; 1342 bis 1502) beeindruckt nicht nur durch seine Ausmaße – immerhin ist es die größte erhaltene mittelalterliche Backsteinkirche der Welt (105 m lang, 68 m breit, 29 m Gewölbehöhe) –, sondern vor allem durch die Strenge der Architektur. Blickfang im Inneren sind die herrlichen Gewölbe in zahlreichen Spielformen, als Stern-, Netz- und Zellengewölbe. Der nach der Reformation weiß getünchte und im letzten Kriegsjahr 1945 stark beschädigte Raum wirkt beinahe steril.

Nur ein Teil der Originalausstattung hat den Krieg überlebt, darunter der **Hauptaltar** von Meister Michael aus Augsburg (16. Jh.), die **Danziger Schöne Madonna** (15. Jh.) in der St.-Annen-Kapelle auf der Nordseite, eine naturalistische spätgotische **Kreuzigungsszene** (1517) auf dem Triumphbogen sowie einige Grabmäler der Patrizier.

Das berühmte **Jüngste Gericht** (1471/73) von Hans Memling ist in einer der Kapellen nur als Kopie zu sehen (Original im Danziger Nationalmuseum, Muzeum Narodowe, ul. Toruńska 1; Di–Fr 10–16, Sa, So 10–17 Uhr). Kaufleute aus der Toskana hatten das Bild bei dem niederländi-

Seite 39

schen Maler bestellt. Während der Überfahrt nach Italien kaperten die Danziger 1473 das Schiff und brachten das Gemälde in die Marienkirche. Je nach der politischen Konstellation wanderte es – vom jeweiligen Sieger mitgenommen – nach Berlin, Paris, Leningrad (St. Petersburg) und Warschau. Erst nach 1956 kehrte es endgültig nach Danzig zurück.

Von der Skulptur des Gekreuzigten in der »Kapelle der Elftausend Jungfrauen«, (1430; rechts im Chor) berichtet die Legende, dass der Meister eines Nachts den Freund seiner Tochter ans Kreuz genagelt haben soll, um ein möglichst naturalistisches Werk zu schaffen. Als ihm am Morgen das Schreckliche seiner Tat bewusst wurde, erhängte er sich. Der Schöpfer der astronomischen Wanduhr (im nördlichen Querschiff), Hans Düringen, wurde 1470 auf Befehl des Bürgermeisters geblendet, damit er den Wunsch der Lübecker nach einem vergleichbaren Meisterwerk nicht erfüllen konnte.

Tipp Versäumen Sie zum Abschluss nicht, den Hauptturm zu besteigen – auch wenn es Hunderte von Stufen sind. Lohn ist ein faszinierendes Panorama der Stadt, die Ihnen zu Füßen liegt.

Niederländischer Manierismus

Westlich der Marienkirche, am Ende der ulica Piwna, steht das **Große Zeughaus** (Wielka Zbrojownia) ⑩, das Anfang des 17. Jhs. vermutlich von Anthonis van Opbergen, dem Architekten des »Hamlet-Schlosses« Kronborg in Helsingør (Dänemark), errichtet wurde. Mit seinen hübschen Giebeldächern und Beischlagverzierungen ist das Zeughaus wohl das schönste Beispiel für niederländischen Manierismus in Danzig.

*Nikolaikirche ⑪

Ein kurzer Umweg führt zur Nikolaikirche (kościół św. Mikołaja), einem gotischen Bau des Dominikanerordens. Dem Besucher, der sich inzwischen an die Schlichtheit der Kirchen Nordpolens gewöhnt hat, kommt dieser Sakralraum vor wie eine Barock-Orgie aus Gold und Stuck – anders als die meisten Gotteshäuser Danzigs blieb dieses über die Jahrhunderte hinweg katholisch. Die Nikolaikirche überstand als einzige Kirche in der Stadtmitte den Krieg unversehrt.

Die Grenze zur Altstadt (Stare Miasto)

An die Rechtstadt schließt sich im Norden die Altstadt an, im Mittelalter ein eigenes Stadtgebilde, in dem man nach 1945 nur die wichtigeren Baudenkmäler rekonstruierte.

An der Grenze beider Stadtteile bietet die neogotische **Markthalle** eine willkommene Abwechslung. Hier kann man sich mit Spezialitäten der polnischen Küche vertraut

① Hohes Tor
② Goldenes Tor
③ Lange Gasse (ul. Długa)
④ Rechtstädtisches Rathaus
⑤ Artushof
⑥ Grünes Tor
⑦ Krantor
⑧ Frauengasse (ul. Mariacka)
⑨ Marienkirche
⑩ Großes Zeughaus
⑪ Nikolaikirche
⑫ Katharinenkirche
⑬ Denkmal für König Jan Sobieski
⑭ Brigittenkirche
⑮ Denkmal für die gefallenen Werftarbeiter

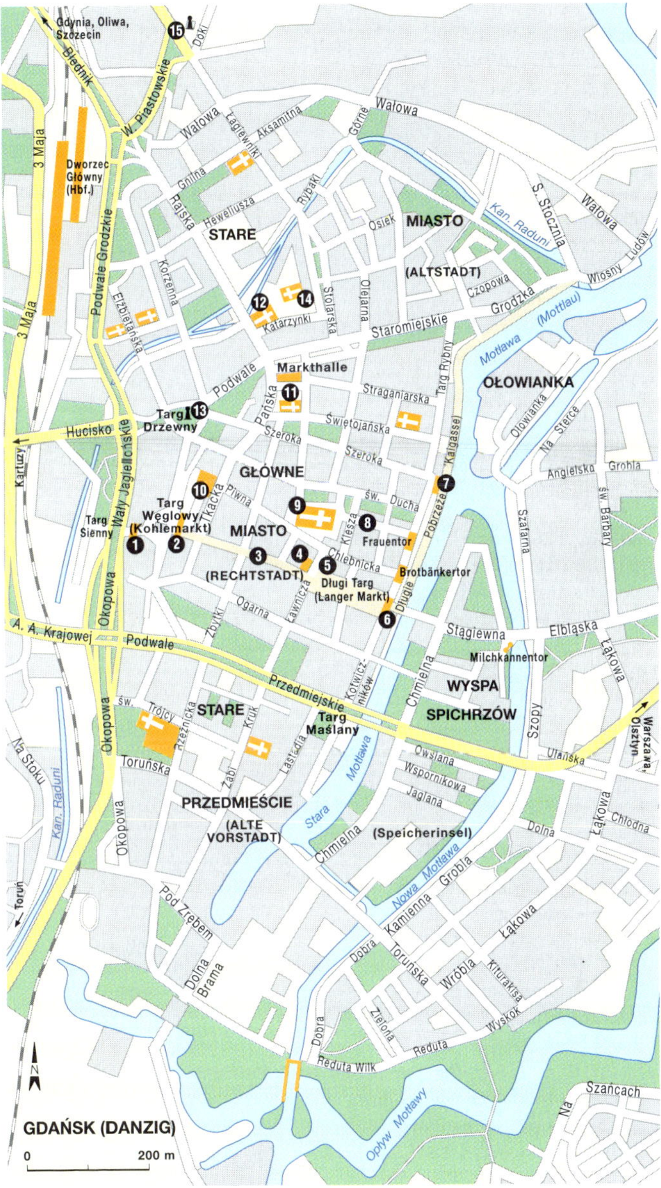
GDAŃSK (DANZIG)
0
200 m
N
Gdynia, Oliwa, Szczecin
Toruń
Kartuzy
Warszawa, Olsztyn
Dworzec Główny (Hbf.)
STARE MIASTO (ALTSTADT)
GŁÓWNE MIASTO (RECHTSTADT)
STARE PRZEDMIEŚCIE (ALTE VORSTADT)
OŁOWIANKA
WYSPA SPICHRZÓW (Speicherinsel)
Markthalle
Targ Drzewny
Targ Węglowy (Kohlemarkt)
Targ Sienny
Długi Targ (Langer Markt)
Targ Maślany
Frauentor
Brotbänkertor
Milchkannentor
Motława (Mottlau)
Stara Motława
Nowa Motława
Opływ Motławy
Kan. Raduni
Wałowa
Blednik
W. Piastowskie
3 Maja
Podwale Grodzkie
Wały Jagiellońskie
Okopowa
Hucisko
A. A. Krajowej
Podwale Przedmiejskie
Toruńska
Doki
Łagiewniki
Aksamitna
Gnilna
Rajska
Heweliusza
Rybaki
Górne
Osiek
Korzenna
Elżbietańska
Katarzynki
Stolarska
Olejarna
Staromiejskie
Czopowa
Grodzka
S. Stocznia
Wiosny Ludów
Podwale
Pańska
Straganiarska
Świętojańska
Szeroka
Targ Rybny
Kaługasse
Ołowianka
Na Stercze
Angielska Grobla
św. Barbary
Szafarna
Tkacka
Piwna
św. Ducha
Kiesza
Chlebnicka
Pobrzeże
Długie
Ogarna
Zbytki
Ławnicza
Stągiewna
Elbląska
Łąkowa
Kotwicz-ników
Chmielna
Szopy
Ulańska
św. Trójcy
Rzeźnicka
Kruk
Żabi
Lastadia
Owsiana
Wspornikowa
Jaglana
Dolna
Chłodna
Na Stoku
Pod Zrębem
Dolna Brama
Kamienna Grobla
Dobra
Zielona
Wróbla
Kiturakisa
Wyskok
Reduta
Reduta Wilk
Na Szańcach
1
2
3
4
5
6
7
8
9
10
11
12
13
14
15

Seite 39

machen: Von geräucherten Aalen über die berühmten fetten Krakauer Würste bis zu ausgesprochen guten Salzgurken finden Sie hier das traditionelle Angebot eines polnischen Marktes. Polnisches Obst und Gemüse, notgedrungen ökologisch angebaut, schmeckt vorzüglich; leider werden diese Waren immer mehr von westeuropäischen Importen verdrängt.

Am Grab von Jan Heweliusz

An ihrem massiven Turm mit den fünf barocken Haubentürmchen erkennt man die nahegelegene ***Katharinenkirche** (kościół św. Katarzyny) ⓬. Ihr Wiederaufbau wurde erst 1989 mit der Anbringung des neugegossenen Glockenspiels abgeschlossen; das fein gegliederte Gewölbe mit komplizierten Mustern aus Sternen und Rauten musste ebenfalls neu gespannt werden.

In der Katharinenkirche fand der berühmte Astronom und »Vater der Selenographie« (Mondbeschreibung), Jan Heweliusz (eigentlich Johannes Hövelcke, 1611–1687), seine letzte Ruhestätte. Hauptberuflich war der Hobbyastronom Bierbrauer; das nach ihm benannte »Heweliusz«-Bier ist überall in Danzig zu bekommen. **König Jan III. Sobieski,** der Sieger über die Türken bei Wien (1683), beteiligte sich an der Finanzierung des Observatoriums; sein von den vertriebenen Lembergern mitgebrachtes **Denkmal** ⓭ steht gleich um die Ecke auf dem Trg Drzewny, dem ehemaligen Holzmarkt.

Kirche des Widerstands

In der jüngsten Geschichte spielte die nahe ***Brigittenkirche** (kościół św. Brygidy) ⓮ eine wichtige Rolle. Zu ihrer Pfarrei gehört das Werftgelände, und so wurde sie in den 1980er Jahren zum Zentrum der verbotenen Gewerkschaft »Solidarność«.

Die Kirche lohnt den Besuch schon wegen des reizvollen Kontrasts zwischen dem gotischen Netzgewölbe und der modernen Innenausstattung. Das symbolische Grabmal für den 1984 ermordeten Priester Jerzy Popiełuszko erinnert an diesen Märtyrer des Widerstands.

An der Danziger Werft

Ein viertelstündiger Spaziergang vorbei am Hauptbahnhof und entlang der Wały Piastowe führt zum Tor der Danziger Werft mit dem eindrucksvollen ***Denkmal** (Pomnik Poległych Stoczniowców) ⓯ für die 1970 gefallenen Werftarbeiter. Stählerne Schiffsplatten wurden in Gestalt von drei Kreuzen mit drei Ankern, dem Symbol der Hoffnung, zusammengefügt (s. S. 33).

Infos

Vorwahl: 0 58

ul. Dluga 45, Tel. 3 01 91 51, Fax 3 01 60 96, gegenüber dem rechtstädtischen Rathaus; ul. Heweliusza 27, Tel. 3 01 43 55, Fax 3 01 66 37, www.gdansk.pl

Hanza, ul. Tokarska 6, Tel. 3 05 34 27, Fax 3 05 33 86, www.hanza-hotel.com/pl. Das neueste Luxushotel in der Rechtstadt liegt ideal neben dem Krantor. ○○○

Hevelius, ul. Heweliusza 22, Tel. 3 01 56 31, Fax 3 01 19 22, www.orbis.pl/hot_hev.html. Das Vorzeigehotel des Danzig der spätkommunistischen Zeit ist noch immer eine gute Adresse. ○○○

Novotel Centrum, Pszenna 1, Tel. 3 01 56 11, Fax 3 01 56 19, www.orbis.pl/hot_novg.html. Das Haus der internationalen Kette bietet eine einmalige Lage direkt am Grünen Tor. ○○○

Seite 39

Straßencafés am Langen Markt: ein idealer Ort, das bunte Treiben zu beobachten

Marina, Gdańsk-Jelitkowo, Jelitkowska 20, Tel. 5 53 20 79, Fax 5 53 04 60, www.orbis.pl/hot_mar.html. Vermutlich bestes Hotel der Stadt, weit vom Zentrum, dafür unmittelbar am Strand; Nachtklub. ○○○

Jantar, Długi Targ 19, Tel. 3 01 95 32. Preisgünstiges Hotel am Langen Markt. Reservierung notwendig. ○○

Jugendherberge: Wałowa 21, Tel. 32 23 13.

Vermittlung von Privatzimmern: Biuro Zakwaterowań, Elżbietańska 10/11, Tel. 3 01 26 34; Heweliusza 8, Tel. 3 01 26 34, 3 01 93 71. ○

Camping: Jelitkowo, ul. Jelitkowska 23, Tel. 5 53 27 31. Auch Bungalows.

Pod Łososiem, ul. Szeroka 54, Tel. 3 01 76 52. 1598 gründete ein Holländer die Gaststätte »Unter dem Lachs« und erhielt das Patent für das berühmte Danziger Goldwasser, einen Kräuterlikör mit darin schwimmenden Flocken von Blattgold. Die Gäste schätzen die ausgesuchten Fischgerichte im stilvollen Ambiente. Reservierung ratsam. ○○○

Major, ul. Długa 18, Tel. 3 01 10 69. Das jüngste der drei erstklassigen Restaurants der Stadt ist für seine große Weinauswahl berühmt. ○○○

Tawerna, ul. Powroźnicza 19–20, Tel. 3 01 41 14. Das Haus mit maritimem Ambiente direkt am Grünen Tor ist der richtige Ort für den anspruchsvollen Gast. Absolut empfehlenswert: Ente auf Polnisch, mit Äpfeln. ○○○

Im **Teatr Muzyczny** (pl. Grunwaldzki, Tel. 6 20 95 21) in Gdynia, mit der S-Bahn von Danzig aus leicht zu erreichen, stehen internationale Musicals wie »Les Miserables« oder »Evita« auf dem Spielplan.

Ein **Programmkino,** in dem alte und neue cineastische Leckerbissen serviert werden, hat seine Bleibe im Neorenaissance-Gebäude unweit des Bahnhofs (ul. Wały Jagielońskie 1, Tel. 3 01 49 26). Im gleichen Gebäude wird im **Żak** Jazzmusik live gespielt.

Im **Teatr Wybrzeża** (Nähe Großes Zeughaus, Targ Węglowy 1, Tel. 3 01 70 21) stellen u.a. Theaterbühnen aus ganz Europa Shakespeare-Aufführungen vor.

Seite 39

▮ Von Wagnerinterpreten bis zu Abba sah die **Zoppoter Freilichtbühne** schon viele Stars. Im Sommer locken diverse Festivals (Opera Leśna, ul. Moniuszki 12, Tel. 5 51 18 12; s. S. 44).
▮ Die **Oper** (Opera Bałtycka), Al. Zwycięstwa 15, Tel. 3 41 51 17, bietet klassische Konzerte und Musicals.

Bernstein-Schmuck sollte man nur in seriösen Läden kaufen, die Schmuck von namhaften Künstlern anbieten, z.B. im Laden direkt hinter der Marienkirche (Arbisz, ul. Szewska 1/4) oder in Boutiquen an der ul. Mariacka, der einstigen Frauengasse. Meiden Sie Straßenhändler!
▮ Es lohnt sich, nach dem Bildband »Danzig, wie es war« (einmalige Archivbilder) oder nach einem Buch über Memlings Meisterwerk »Das Jüngste Gericht« zu suchen, am besten in einer Buchhandlung am Langen Markt (neben dem Grünen Tor) oder im Antiquariat, ul. Św. Ducha, Ecke ul. Grobla, nahe der Marienkirche.

Ausflüge

Zur Westerplatte

Von der Anlegestelle am Grünen Tor (Zielona Brama, ❻) fahren Ausflugsschiffe zur Westerplatte (im Sommer: 8, 9.30, 10, 11.30, 14, 16 und 18 Uhr, die Rückfahrtszeiten sind vor Ort angegeben; Fahrzeit ca. 30 Min.; Reservierung: Tel. 3 01 49 26), nach Sopot und nach Hela (jeweils tgl. um 8 Uhr).

Auf der Halbinsel Westerplatte leisteten zu Beginn des Zweiten Weltkriegs 182 Soldaten den Angriffen von 4000 deutschen Soldaten sieben Tage lang erbitterten Widerstand. Ein monumentales Denkmal ehrt die Helden; ein schöner Spaziergang führt zu einem Wachhaus, in dem ein Museum eingerichtet ist.

Entlang der Lindenallee

Sopot (Zoppot) und Gdynia (Gdingen) gehören zusammen mit Danzig heute zum Städtekomplex der **Dreistadt** (Trójmieście). Herrlich ist die Fahrt auf der Lindenallee (Aleja Grunwaldzka/ Zwycięstwa), die Ende des 18. Jhs. angelegt wurde.

Nach einigen Kilometern erreichen Sie den Stadtteil **Oliwa** (Oliva), bekannt wegen der 1188 gegründeten Zisterzienserabtei. Wie bei allen Klöstern des Ordens wählten die Mönche auch hier einen idyllischen Ort in einem grünen Tal. Berühmt ist die ****Klosterkirche,** seit 1925 Kathedrale. Die Pfeiler des Hauptschiffs und die Außenwände des Querschiffs zeugen noch von der romanischen Bauphase, als die Kirche den pommerellischen Herzögen als Grablege diente. Sein heutiges Aussehen verdankt das Gotteshaus vorwiegend dem gotischen Umbau. Aus dem Barock stammen die hohe Fassade, flankiert von zwei Türmen, und ein Großteil der Innenausstattung. Sehr kunstvoll sind das spätgotische Sterngewölbe des Hauptschiffs und der große Altar (1693). Die Hauptattraktion bildet die berühmte Orgel, 1763–88 vom Mönch Johann Wulf aus Wormditt gebaut.

Tipp Orgelvorführungen stündlich 11–16, So 15–17 Uhr. Abends finden oft Konzerte statt, Termine erfahren Sie in der Tagespresse.

In der Nähe lädt der Park Oliwas zum beschaulichen Spaziergang ein. Hier liegen der barocke ***Abtpalast** (Pałac Opatów) und ein **Kaschubisches Volksmuseum** (Oddział Etnograficzny Muzeum Narodowego, ul. Opacka 12; Di, Sa 10–17, Mi, Fr, So 10–16 Uhr).

Gewitterstimmung am Strand von Sopot

Seite 39

In der Klosterkirche von Oliwa

*Sopot

Ein paar Kilometer nördlich von Oliwa, direkt an der Küste, liegt Sopot (Zoppot; 44 000 Einw.). Jean George Haffner, Arzt in Napoleons Armee, eröffnete hier 1808 eine Badeanstalt. Heute ist Sopot neben Kołobrzeg (Kolberg) das beliebteste Seebad des Landes. Ganz Sopot – ob Schickeria, Neureiche oder Alteingesessene – flaniert gern auf der Prachtmeile, der **Bohaterów Monte Cassino.** Ein Gang über die ***Mole,** den 512 m langen Seesteg, gehört zu jedem Besuch Sopots. Am Abend teilen sich die Liebespaare die hölzerne Promenade mit den Möwen, deren Gekreische sich mit der salzigen Meeresluft zur typischen Atmosphäre eines Seebads verbindet. Treffpunkt von Berühmtheiten aus aller Welt war einst das ***Grand Hotel,** gleich an der Mole. Es steht unter Denkmalschutz, zeigt aber nur noch einen schwacher Abglanz alten Ruhms.

Hauptanziehungspunkt ist das **Kasino** von 1920, das sich nach der realsozialistischen Pause wieder auf seine Tradition besinnt. Unter den prominenten Gästen des Hotels – General de Gaulle, Fidel Castro und Omar Sharif trugen sich in das Gästebuch ein – ist auch Adolf Hitler zu erwähnen, der hier 1939 seinen einzigen schriftlichen Befehl zum Völkermord, den Euthanasiebefehl, unterzeichnete.

Freunden des internationalen Schlagers beschert Sopot im Juni das Schlagerfestival in der **Waldoper** (Opera Leśna; 1909). Das einstige Vorzeigefestival des Ostblocks, das sich noch heute der Entdeckung der Popgruppe Abba rühmt, versucht seit der Wende an alte Erfolge anzuknüpfen. (Programm bei der Touristeninfo)

i Ul. Dworcowa 4, Tel. 0 58/5 51 26 17; hier auch Zimmervermittlung.

Grand Hotel, ul. Powstańców Warszawy 12/14, Tel. 0 58/ 5 51 00 41, Fax 5 51 61 24, www.orbis.pl/hot_gras.htm. Das z. T. bereits sanierte, z. T. noch renovierungsbedürftige Hotel ist nach wie vor empfehlenswert – nicht zuletzt wegen des herrlichen Ausblicks. ○○○

Villa Hestia, ul. Władysława IV 3/5, Tel. 5 51 21 00, Fax 5 50 32 53, www.villahestia.pl. In einem sorgfältig restaurierten Fin-de-Siècle-Palais, im Stil der Epoche möbliert. Im vornehmen Restaurant sollte man den Karpfen in Steinpilzsauce probieren. ○○○

Balzac, ul. 3 Maja 7, Tel. 5 51 77 00. Bestes französisches Restaurant in der Dreistadt. Neben Froschschenkeln und Schnecken auch eher konventionelle Gerichte wie Beefsteak Balzac und köstliche gebratene Ente. ○○○

Camping: ul. Bitwy pod Płowcami 69, Tel. 5 51 65 23. Angelmöglichkeit, Bungalows, Lebensmittelgeschäft.

Seite 49

Szczecin (Stettin)

Vergangene Schönheit am Ufer der Oder

Die wichtigste Stadt Pommerns ist ein Konglomerat aus restaurierten Baudenkmälern und vereinzelten Prachtbauten der Gründerzeit, umhüllt vom Betongrau der Nachkriegsära. Die Hakenterrasse, von der sich ein Blick über das riesige Hafengelände bietet, ist wie eh und je das Aushängeschild der Stadt, das Stettiner Schloss präsentiert sich heute schöner als vor seiner Zerstörung, der westliche Stadtteil, von Kriegsschäden verschont geblieben, mausert sich gerade zu einem hübschen Wohngebiet.

Die einst flächenmäßig drittgrößte deutsche Stadt heißt heute Szczecin, zählt 418 000 Einwohner und liegt am Westufer der Oder, 20 km vor deren Mündung ins Stettiner Haff (Zalew Szczeciński). Szczecin ist industrielles und kulturelles Zentrum von Pomorze Zachodnie (Westpommern), das etwa der historischen Region Hinterpommern entspricht.

1945 wurde die Parole ausgegeben: »Stettin ist zum polnischen Vaterland (auf Polnisch eigentlich ins Mutterland) zurückgekehrt«. Diese Geschichtsklitterung sollte den Polen helfen zu vergessen, dass sie die Großstadt lediglich der Gnade Stalins verdankten. Waren die Polen im 12. Jh. Herren über das slawische Stettin, übernahm es im 13. Jh. die Dynastie der Greifen.

Später wurde die Stadt von Deutschen besiedelt, die erst infolge des Zweiten Weltkriegs vertrieben wurden; in ihre Häuser zogen die gleichfalls vertriebenen Polen ein. Für die heute hier lebenden Polen ist Szczecin längst zur selbstverständlichen Heimat geworden.

Das Stettiner Schloss

Die Stadt besitzt den neben Gdańsk (Danzig) und Gdynia (Gdingen) wichtigsten Hafen Polens und eine bedeutende Werft, die heute die viertgrößte der Welt ist. Mit einer Universität, vielen Hochschulen, Theatern und Konzertsälen ist Szczecin auch kulturell eine der führenden Städte Polens. Der größte »Sohn« der Stadt ist eine Dame namens Sophie Friederike von Anhalt-Zerbst, die spätere Katharina die Große, Zarin Russlands, die 1729 in der Nähe der Jakobikirche das Licht der Welt erblickte.

Stadtbesichtigung

Sämtliche sehenswerten Baudenkmäler konzentrieren sich im einst mittelalterlichen Stadtbereich, so dass man sie im Rahmen eines zwei- bis dreistündigen Spaziergangs besichtigen kann. Atmosphäre wird man jedoch vergeblich suchen. An der Stelle der direkt am Fluss gelegenen Altstadt entstand 1998 eine postmoderne Siedlung, die sich in Höhe und Breite den Häusern sowie dem Straßenverlauf an die alte Bebauung anpasst.

Seite 49

Die Renommierstraße

Am besten beginnen Sie den Spaziergang auf der Vorzeigestraße Stettins, der ehemaligen ***Hakenterrasse,** heute Wały Chrobrego ❶, benannt nach dem Stettiner Oberbürgermeister Haken (Anf. des 20. Jhs.), der sie anlegen ließ.

Die Terrassen führen von der Uferpromenade hinauf zu drei repräsentativen Gebäuden: Das ehemalige **Regierungsgebäude** (heute Woiwodschaftssitz; links) mit patinierten Kupferdächern ist dem Stil der niederländischen Renaissance nachempfunden. Auf der Fassade des einstigen **Stadtmuseums** (heute Schifffahrtsmuseum; Mitte) sind die großen Architekturleistungen der Menschheit dargestellt, darunter der Kölner Dom. In der ehemaligen **Landesversicherungsanstalt** (rechts) fand die Marinehochschule Aufnahme.

Am Hafen

Nicht weit entfernt ist die **Anlegestelle der Ausflugsschiffe** (Dworzec Morski; ul. Jana z Kolna) ❷, die in das riesige **Hafengelände** mit unzähligen Kanälen und dem Dammschen See (jezioro Dąbie) fahren. 1894 begann man mit dem Bau des Hafens zwischen den beiden Oder-Armen, einst neben Kopenhagen der größte Freihafen an der Ostsee.

*Peter-und-Paul-Kirche ❸

Ein kurzer Umweg führt zur spätgotischen Kirche des Peter und Paul (kościół śś. Piotra i Pawła). Genau hier soll die erste Stettiner Kirche gestanden haben, in der der hl. Otto von Bamberg predigte. Das kleine Gotteshaus mit ausgewogenen Proportionen wurde mit Glasursteinen reich verziert. Von den Außenwänden blicken männliche und weibliche Terrakottaköpfe herab.

Handelsgrenzen

Zwei Welten stoßen am Grenzübergang Pomellen/Kołbaskowo oder bei Swinemünde aufeinander: Hier verläuft die Armutsgrenze Europas, die Außengrenze der EU und des Schengener Abkommens.

Ein Pole verdient im Durchschnitt nur 30 % dessen, was sein Kollege auf der anderen Seite der Grenze monatlich erarbeitet. Zwar war das Verhältnis vor sechs Jahren noch weitaus krasser, auch gibt es inzwischen eine zweite Wohlstandsgrenze – betrachtet man das im Vergleich zu den GUS-Staaten »reiche« Polen –, ein großer Trost für die Menschen hier ist dies aber nicht.

Doch nicht Frustation oder Nachdenken über diese Situation bestimmen das emsige Treiben an der Grenze. Händler, Touristen, Schieber, Schleuser, endlose Lkw-Schlangen und Ladungen von in Teile zerlegten Schrottwagen, die später zusammengeschweißt werden, sorgen für ein nervöses Hin und Her. So genannte »Ameisen« wechseln den ganzen Tag lang jeweils mit z. B. einer Stange Zigaretten zwischen den beiden Ländern hin und her.

Seite 49

Herzogliches Schloss

Vom hohen Oder-Ufer grüßt das ***Schloss der Herzöge von Pommern** (Zamek Książąt Pomorskich) ❹ – eine Kombination aus Gotik, Renaissance und Barock. Ein Umbau im 19. Jh. verwandelte das Schloss in einen wenig reizvollen Zweckbau. Als man das im Krieg zerstörte Gebäude 1958 wieder aufbaute, orientierte man sich am Aussehen vor dem neuzeitlichen Umbau. Als Vorlage diente ein Stich des Baslers Matthäus Merian des Jüngeren (1621–1687). Im Innenhof ist eine Uhr aus dem 17. Jh. angebracht, in der ein Mohr im Sekundentakt mit den Augen rollt und ein Harlekin jede Viertelstunde die Glocken schlägt.

Hinter der Grenze, auf polnischem Boden, sind in den letzten Jahren die so genannten Polenmärkte wie Pilze aus dem Boden geschossen. Von der Haube eines Pkws, auf der ein paar Stangen Zigaretten ausgelegt wurden, bis hin zur riesigen überdachten Kaufhalle sind hier alle Dimensionen des Handels vertreten. Die Kundschaft drängt sich vor den Waren: Kaviar, Käse und Butter wollen die einen, das billigere Benzin lockt die anderen, die nächsten kaufen Fuchsfelle, Musik-CDs oder Levi's-Jeans, die, wie hier jeder weiß, freilich nur das Label mit dem Original gemeinsam haben.

Von dieser Grenze ist auf unterschiedliche Weise zu sprechen. Man kann ernsthaft erzählen von dem Schmuggel, der Kriminalität oder den täglich bis zu sechzig illegalen Grenzgängern, meist vom Balkan, die von der Grenzpolizei entdeckt und nach Polen zurückgebracht werden – und dort nur auf die nächste Möglichkeit warten, die Grenze ins Gelobte Land doch noch zu überqueren.

Man kann humorvoll berichten wie im Falle der in großen Mengen feilgebotenen Gartenzwerge, die, wie böse Zungen behaupten, das beste Gemeinschaftsprodukt der polnischen Wirtschaft und des deutschen Geschmacks sind. Um die bunten Männchen entbrannte Anfang der 1990er Jahre sogar ein kleiner Zollkrieg, als das Berliner Patentamt mehrere Typen der Gartenzwerge – darunter der »Exhibitionist« und der »Träumer mit einem Reh« – als Plagiate beanstandete und die Einfuhr dieser Exemplare nach Deutschland verwehrte.

Und schließlich die Realität: Auch wenn einem die Diskussionen Warschauer Intellektueller mit ihren deutschen Brüdern über die Aussöhnung besser gefallen – die unmittelbarste Begegnung der beiden Nationen findet auf den Märkten statt. Eine Begegnung, die für beide Seiten profitabel ist. Etwa 2,5 Mrd. Euro jährlich bringt der Grenzhandel den Polen ein. Und auch wenn einige der Villen der »Zigaretten-Barone«, die mit Türmchen und Zinnen an mittelalterliche Burgen erinnern, hart an der Grenze des guten Geschmacks liegen, verhilft dieser Wirtschaftszweig – und dieser Begriff ist hier durchaus legitim – vielen Polen zu einem bescheidenen Wohlstand.

Seite 49

Eine typische Schaufassade (Altes Rathaus)

Siebenmantelturm ❺

Unterhalb des Schlosses erhebt sich inmitten einer Wiese der Siebenmantelturm (Baszta Siedmiu Płaszczy; 14. bis 17. Jh.) – einst Teil der Befestigungsanlagen. Der Turm war vor dem Krieg von zahlreichen hübschen Altstadthäusern umgeben.

Patrizierhaus Loitzhof ❻

Die Bankiers- und Kaufmannsfamilie Loitz erbaute nahe dem Schloss im 15. Jh. den Loitzhof (Kamienica Loitza). Die Familie lieh den polnischen Königen Geld, doch als die Jagiellonenherrscher in Krakau 1572 ausstarben, ging sie Bankrott. Damit war die Handelsflotte der Loitz verloren und die ganze Stadt geriet Ende des 16. Jhs. in Finanznöte. Der vierstöckige Loitzhof ist ein für die Ostseestädte typisches Bürgerhaus aus der Übergangszeit zwischen Gotik und Renaissance.

Altes Rathaus ❼

Wenige Schritte entfernt können Sie eine Schauwand mit Giebeln und Fialen bewundern, wie man sie von den Rathäusern in Lübeck und Stralsund kennt. Diese in Fachkreisen umstrittene Rekonstruktion aus der Nachkriegszeit gehört zum Alten Rathaus (Stary Ratusz; heute Stadtmuseum), einem Ort wichtiger historischer Ereignisse, beispielsweise der Unterzeichnung des Friedensabkommens zwischen Schweden und Dänemark 1570.

*Jakobikirche ❽

Der bedeutendste Kirchenbau der Stadt, kościół św. Jakuba, ist seit 1945 Bischofssitz. Im 14. Jh. begannen die Bauarbeiten, die 200 Jahre dauern sollten. Nur der Chor und Teile des Turmes entgingen den Bomben des Zweiten Weltkriegs; der Turm wurde ohne seine 119 m hohe Spitze aus dem 19. Jh. wieder aufgebaut. Im Innenraum blieben Fragmente zweier gotischer Flügelaltäre (im Hochaltar und in der Sakramentskapelle) erhalten.

Am Hohenzollernplatz

Nach einem kurzen Spaziergang in Richtung Westen ist der Plac Zwycięstwa erreicht, der ehemalige Hohenzollernplatz mit dem **Berliner Tor ❾**, auch **Hafentor** (Brama Portowa; 1771). Es ist eines der beiden erhaltenen Prunktore Szczecins und ein Werk des Holländers Cornelius von Wallrave. Die Inschrift erinnert an den Kauf der Stadt: 1720 erwarb Preußenkönig Friedrich Wilhelm I. Stettin von den Schweden »mit gerechten Verträgen und für einen gerechten Preis«.

Kulturleben

Die **Filharmonia Narodowa** (Plac Armii Krajowej 1, Tel. 4 22 47 23, 4 22 12 52), das Stadtorchester, ist europaweit bekannt. Unterhaltung nicht nur für Kinder bietet das **Puppentheater** (Teatr Pleciuga, ul. Kaszubska 9, Tel. 4 34 10 02 und 4 33 58 04).

Seite 49

Infos

Vorwahl: 0 91

Weitere Informationen erhält man im **Centrum Informacji,** Zamek Książąt Pomorskich (im Schloss), Tel. 4 89 16 30, Fax 4 34 02 86.

Radisson, pl. Rodła 10, Tel. 4 59 55 95, Fax 4 59 45 94, www.radisson.com/szczecinpl. Das nobelste Hotel im Norden Polens gehört zum Großteil der SAS. Mit Kasino, Nachtklubs, Swimmingpool etc. ○○○

Orbis Neptun, Matejki 18, Tel. 4 88 38 83, Fax 4 88 41 17, www. orbis.pl/hot_nep.html. Das einst beste Hotel der Stadt wurde vom Radisson auf Platz zwei verwiesen und wird derzeit renoviert. ○○○

Orbis Arkona, Panieńska 10, Tel. 4 88 02 61, Fax 4 88 02 60, www.orbis.pl/hot_ark.html. Der hässliche Betonklotz ist innen recht annehmbar. Günstige Lage unterhalb des Schlosses. ○○

Jugendherberge: ul. Grodzka 22, Tel. 4 33 29 24.

❶ Hakenterrasse (Wały Chrobrego)
❷ Dworzec Morski (Anlegestelle der Ausflugsschiffe)
❸ Peter-und-Paul-Kirche
❹ Schloss der Herzöge von Pommern
❺ Siebenmantelturm
❻ Loitzhof
❼ Altes Rathaus
❽ Jakobikirche
❾ Berliner Tor

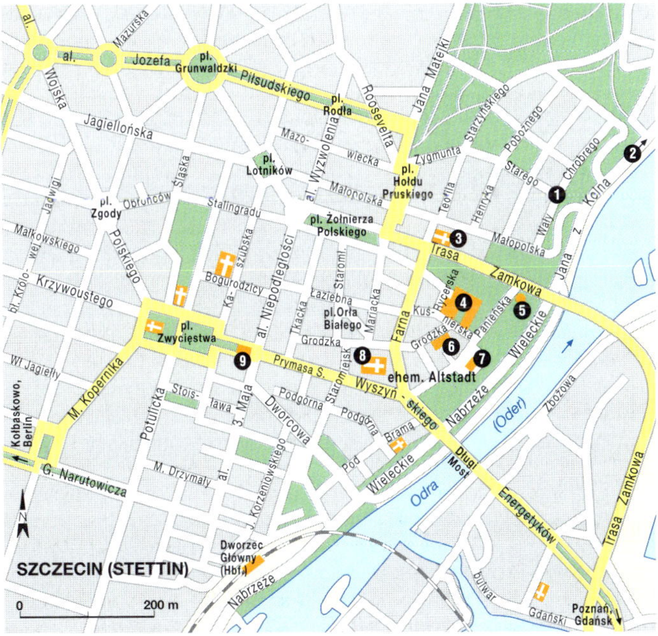

Seite 49

In der Marienkirche von Stargard

Camping: 3 km östlich in Dąbie, ul. Przestrzenna 23. Tel. 4 61 32 64. Bungalows, Vermietung von Wassersportgeräten.

Chief, ul. Rayskiego 16, Tel. 4 34 37 65. Gilt als das beste Lokal der Stadt mit geschmackvollem Ambiente. ○○○

▮ In den letzten Jahren haben sich in Stettin mehrere asiatische Restaurants etabliert, die für Abwechslung sorgen (○○): **Haj-Fong,** ul. Wojska Polskiego 66, Tel. 4 33 99 40, Tel./Fax 4 84 59 50; **Orientalna,** ul. Piastów 74, Tel. 4 34 68 05; **Pekin,** ul. Obrońców Stalingradu 24; **Wielki Mur,** pl. Stefana Batorego 4, Tel. 4 33 92 83.

Auf der Rückreise locken etliche **Kaufhallen** kurz vor der deutschen Grenze (z. B. in Kołbaskowo) zum Einkauf. Die einstigen »Polen-Märkte« mauserten sich zu akzeptablen Supermärkten mit breitem Angebot: u. a. Spargel (im Mai und Juni), Honig, Pilze und Beeren sowie Korbwaren und CDs.

Ausflug nach Stargard Szczeciński

Ein schöner Halbtagesausflug (ca. 80 km hin und zurück) führt in die fruchtbare Stettiner Tiefebene nach Stargard in Pommern. Neben reizvoller Landschaft erwartet Sie einer der bedeutendsten Kirchenbauten Pommerns. Der Architekt der ****Marienkirche** (kościół Najświętszej Marii Panny) ist einer der wenigen bekannten Meister der Backsteingotik: Hinrich Brunsberg (1350–ca. 1428). Neben der Katharinenkirche in Brandenburg und der Pfarrkirche in Chojna (Königsberg in der Neumark) machte ihn vor allem die Stargarder Kirche berühmt. Brunsberg verwandelte Ende des 14. Jhs. das als Hallenkirche konzipierte Gotteshaus in eine riesige Basilika, indem er das Mittelschiff erhöhte. Die imposante Größe sollte die Bedeutung der Stadt widerspiegeln, die Szczecin im späten Mittelalter ebenbürtig war. Die Außenwände sind ein gutes Beispiel für den dekorativen Stil Brunsbergs: Profilierte glasierte Backsteine und phantasievolle Keramikmasken machen die äußere Hülle des Baus zu einem wahren Kunstwerk. Im gewaltigen Innenraum – das Hauptschiff ist über 30 m hoch – fasziniert das prächtige Sterngewölbe.

Neben der Kirche fällt die überreich verzierte Rundgiebelfassade des **Rathauses** (16. Jh.) auf. Die ungewöhnliche Form des spätgotischen Blendmaßwerks mit sich durchkreuzenden Kreisformen und Vierpässen stammt aus Sachsen. Stargards Befestigungsanlagen sind noch auf 1 km Länge erhalten. Eine Rarität ist das **Mühlentor** (Brama Młyńska): Von zwei Türmen flankiert, überspannt es den Fluss Mała Ina (Kleine Ihna). Mit einem Fallgitter konnte der Zugang zur Stadt für Schiffe verschlossen werden.

Seite 54

**Toruń (Thorn)

Ordensritter, Kopernikus und Studenten

In der neben Krakau einzigen größeren Stadt Polens (204 000 Einw.), die den Zweiten Weltkrieg weitgehend unversehrt überstanden hat, können Sie auf den Spuren des Mittelalters wandeln, wenn auch die einstige Pracht ein wenig von ihrem alten Glanz verloren hat. Vielen der gotischen Häuser wurden Fassaden vorgeblendet, die aus der Zeit stammen, als Thorn preußische Garnisonsstadt war, wobei ein wahrer Stilmix herauskam.

Die Geburtsstadt des Astronomen Nikolaus Kopernikus schließt man schnell ins Herz. Die Cafés und Restaurants der Altstadt sind Tag und Nacht von Studenten bevölkert, die diskutieren, lernen und sich amüsieren. Toruń lädt zu einem Bummel ein, und beim Streifzug durch die engen Gassen werden Sie so manche bezaubernde Ecke entdecken.

Geschichte

Nur drei Jahre nach ihrer Ankunft im Norden Europas, 1233, gründeten die Deutschordensritter Thorn, das sie an ihren Besitz Toron in Palästina erinnern sollte. Als Mitglied der Hanse (ab etwa 1280) stieg Thorn neben Danzig zur bedeutendsten Stadt Preußens auf, blieb aber wirtschaftlich und politisch vom Deutschen Orden abhängig. Dieser Situation überdrüssig, revoltierten die Thorner Patrizier gegen den Orden und unterstellten ihre Stadt dem polnischen König, Kasimir IV. dem Jagiellonen, der im Gegenzug Thorn 1454 eine Reihe von Privilegien, darunter das Münzrecht, verlieh.

Im Unterschied zu Danzig büßte das überwiegend protestantische Thorn zusammen mit ganz Westpreußen 1569 seine Autonomie innerhalb des polnischen Staates ein. Es wurde polonisiert und katholisiert, was zu Konflikten führte, die 1724 im so genannten Thorner Blutsonntag gipfelten: Vierzehn Ratsherren und der Bürgermeister wurden hingerichtet. Nach der Zweiten Polnischen Teilung (1793) gehörte Thorn bis zum Ende des Ersten Weltkriegs zu Preußen bzw. zu Deutschland.

Nach der Besetzung der Stadt 1939 wurde auch hier die Politik Hitler-Deutschlands gegenüber der polnischen Bevölkerungsmehrheit umgesetzt, die die Liquidierung der Führungselite zum Ziel hatte. In den Wäldern um Thorn und Bydgoszcz (Bromberg) wurden Tausende von Polen ermordet.

Mit der Gründung der Nikolaus-Kopernikus-Universität 1945 begann das intellektuelle Leben wieder in die Stadt einzuziehen; einige Fakultäten, etwa die für Restauratoren, sind heute weltberühmt.

Stadtbesichtigung

Die Hauptsehenswürdigkeiten sind bequem zu Fuß erreichbar. Wer auf einen Besuch im Museum verzichtet, kommt mit drei Stunden aus.

Das **Rathaus ❶

Den Marktplatz (Rynek Staromiejski) beherrscht der gewaltige mittelalterliche Backsteinbau des Rathauses. Ende des 14. Jhs. wurden verschiedene ältere Gebäude, darunter die Tuchhallen, nach flandrischen Vorbildern (Ypern) zur heutigen Vierflügelanlage

Seite 54

Das gewaltige Rathaus beherrscht den Marktplatz

erweitert – weder in Polen noch in Deutschland gibt es Vergleichbares. Wer den Turm besteigt, wird mit einer reizvollen Aussicht auf das Dächermeer und das silberne Band der Weichsel belohnt (Di–So 9–17 Uhr). Im Innern behielt das Erdgeschoss seinen gotischen Charakter, die Säle des Hauptgeschosses stammen dagegen aus dem 16. und 17. Jh.

Heute präsentiert hier das ***Kreismuseum** (Muzeum Okręgowe; Di–So 10–16 Uhr) seine umfangreiche Sammlung mittelalterlicher Skulpturen, Glasfenster und eine Reihe von Porträts aus dem 16. bis 18. Jh., darunter das bekannteste Bildnis von Kopernikus (16. Jh.; anonym), sowie Kunsthandwerk und Malerei des 18. bis 20. Jhs.

Neben dem Rathaus ist **Nikolaus Kopernikus,** dem berühmtesten Sohn der Stadt (1473–1543), ein Denkmal gewidmet. Die lateinische Inschrift berichtet, dass der weltbekannte Astronom, der hier ein Astrolabium in seinen Händen hält, die Sonne zum Stillstand gebracht und die Erde in Bewegung gesetzt habe.

An einen Helden ganz anderer Art erinnert das Denkmal an der Südwestecke des Platzes (hinter dem Rathaus): Der Flößer soll die Stadt von einer Froschplage befreit haben, indem er die Tierchen mit dem Klang seiner Geige aus der Stadt lockte.

Asiatika in Polen

Gegenüber dem Rathaus zieht die prächtige Fassade des ***Hauses unter dem Stern** (Dom pod Gwiazdą) ❷, Rynek Nr. 35, die Blicke auf sich. Blumen- und Fruchtornamente umranken Fenster und Giebel. Sie sind ebenso Ergebnis der barocken Umgestaltung wie die hervorragend erhaltenen Innenräume, welche eine Sammlung fernöstlicher Kunst bergen – die dickbäuchigen lachenden Buddhas entführen den Besucher für einen Augenblick in eine andere Welt, weit weg von Backsteinkirchen, Ordensburgen und der lieblichen grünen Landschaft (Di–So 10–16 Uhr).

**Marienkirche ❸

Nordwestlich des Marktes steht die Marienkirche (kościół Najświętszej Marii Panny; 14. Jh.), die, den Ordensregeln der Franziskaner entsprechend, keinen Turm hat. Der durch seine betont schmalen Seitenschiffe überaus hoch wirkende Hallenraum (27 m) trägt an der Südwand schöne *Wandmalereien mit auffallend lang gestreckten Heiligenfiguren. Besonders kunstvoll gearbeitet ist das Chorgestühl. Der Hauptaltar scheint in seiner barocken Pracht nicht recht in den Backsteinraum zu passen. In einer Kapelle am Chor ruht Anna Wasa: Die Schwester des polnischen Königs Sigismund III. Wasa liegt, in Stein gehauen, kostbar bekleidet, die Hände zum Gebet gefaltet, auf ihrem Grab.

**Johanniskirche ❹

Diese Kirche (kościół śś. Janów) erhebt sich südöstlich des Marktes und ist an ihrem massiven Turm und ihren drei charakteristischen Dächern zu erkennen. Die Arbeiten zogen sich vom

Seite 54

Baubeginn um 1270 über Jahrhunderte hin; die breite Hallenkirche vereint in ihren im Lauf der Zeit verwitterten Mauern Zeugnisse aller Stilepochen. Die verblassten spätgotischen Fresken sind original erhalten. Die im Krieg verschollene **Schöne Madonna** (Kopie links in der Apsis) sowie eine ***Konsole,** unter der Moses mit den Gesetzestafeln steht, sind das Werk eines unbekannten süddeutschen oder böhmischen Künstlers. In der ersten Kapelle rechts soll Kopernikus getauft worden sein; eine Gedenktafel mit seinem Bild erinnert daran.

Patrizierhäuser

In der Altstadt haben sich etwa 200 unter Denkmalschutz stehende Bürgerhäuser erhalten, meist mit vorgeblendeten barocken oder klassizistischen Fassaden.

Zwei Häuser (ul. Kopernika Nr. 15 und Nr. 17) wurden im gotischen Baustil rekonstruiert (aufgemalte Maßwerkverzierung). Sie beherbergen das sehenswerte **Kopernikus-Museum** (Muzeum Kopernika) ❺. Vermutlich kam der Astronom 1473 hier, in der einstigen St.-Annen-Straße, zur Welt (Di–So 10–16 Uhr).

Der große Sohn Thorns

Das Licht der Welt erblickte Nikolaus Kopernikus, oder Mikołaj Kopernik, wie er auf Polnisch heißt, 1473 in der von Deutschen dominierten Hansestadt Thorn, knapp zwanzig Jahre, nachdem der Stadtrat dem polnischen König Kasimir IV. dem Jagiellonen bei seinem Einzug in die Stadt gehuldigt hatte. Kopernikus studierte Astronomie in Krakau und ging später nach Italien, wo er seine Ausbildung in Ferrara, Padua und Bologna abschloss. Zurück im Norden, wurde er Domkanoniker und Sekretär seines Onkels, des ermländischen Bischofs Lukas von Watzenrode, und lebte abwechselnd in Lidzbark Warmiński (Heilsberg), Olsztyn (Allenstein) und Frombork (Frauenburg). In Frauenburg verbrachte er die letzten Jahre seines Lebens. Der Überlieferung zufolge überreichte man ihm dort auf dem Sterbebett (1543) das erste gedruckte Exemplar seines Hauptwerks »De revolutionibus orbium coelestium«. Damit wurde die mit der Bibel konforme Vorstellung von der Erde als Zentrum des Universums (Ptolemäisches Weltbild) mit einem Schlag in Frage gestellt. Nach Kopernikus' Forschungen bildet die Sonne den Mittelpunkt, um den die Erde und andere Planeten kreisen. Diese Abkehr von der Vorstellung einer – wörtlich und im übertragenen Sinne verstandenen – zentralen Lage der Erde war für die Kirche vollkommen inakzeptabel. Bereits kurz nach Kopernikus' Tod erklärten Luther und Calvin dessen Lehre zur Häresie. Die katholische Kirche zögerte bis 1616, das revolutionäre Werk auf den Index der verbotenen Bücher zu setzen, ging aber bereits zuvor gegen Forscher wie Giordano Bruno und Galileo Galilei, die die Theorie des Thorner Astronomen weiterentwickelten, mit äußerster Härte vor. Erst 1828 wurde »De revolutionibus orbium coelestium« wieder »legalisiert«, Galileo musste gar bis spät ins 20. Jh. hinein auf seine Rehabilitierung warten.

Seite 54

Der *Schiefe Turm von Thorn ❻

Ein interessanter Überrest der ehemaligen Stadtmauer ist der so genannte Schiefe Turm (Krzywa Wieża). Der Bau, der sich wegen der Bodenverhältnisse etwa 2 m weit nach vorne geneigt hat, reizt zu einem beliebten Spiel: Stellen Sie sich mit den Füßen direkt an die Wand und versuchen in dieser Stellung das Gleichgewicht zu halten. Bisher blieb noch keiner stehen!

Entlang der Weichsel zur Burg des Ritterordens

Entlang der Weichsel geht es Richtung Neustadt, vorbei an drei Stadttoren, die einst Teile der Befestigungsanlagen der Altstadt waren: **Nonnen-** bzw. **Hl.-Geist-Tor** (Brama Klasztorna), **Seglertor** (Brama Żeglarska) und **Brückentor** (Brama Mostowa).

Bald darauf gelangt man zu den Ruinen der ***Deutschordensburg** (Zamek Krzyżacki) ❼. Die Burg (13./14. Jh.) wurde im Gegensatz zu den allermeisten Deutschordensburgen auf einem unregelmäßigen halbovalen Grundriss errichtet. Mit dem Sturm der Feste durch die Thorner Bürger begann 1454 der Dreizehnjährige Krieg. Die Mauern wurden anschließend größtenteils abgetragen. Erhalten geblieben ist nur der Danskerturm (nach 1300), der Abortturm, der über einen Arkadengang mit dem Haupthaus verbunden war.

❶ Rathaus
❷ Haus unter dem Stern
❸ Marienkirche
❹ Johanniskirche
❺ Kopernikus-Museum
❻ Schiefer Turm
❼ Deutschordensburg
❽ Jakobikirche

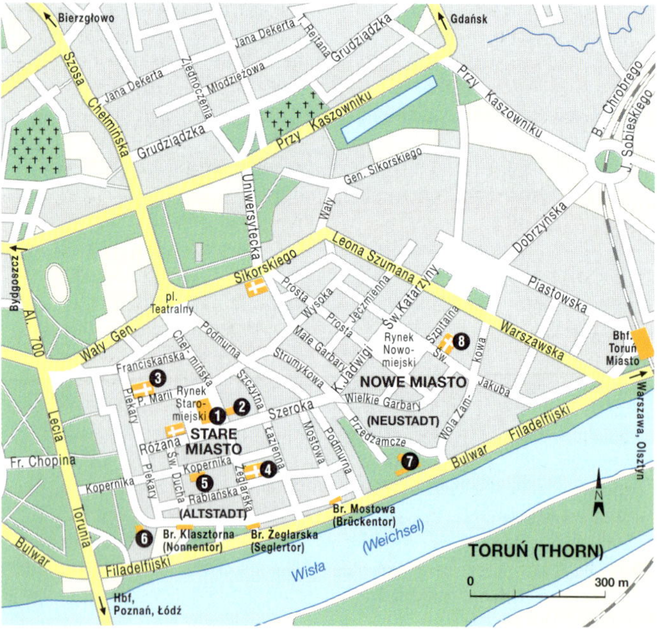

Seite 54

Am Weichsel-Ufer

Jakobikirche

Im Sommer sind die nach 1961 freigelegten Kellerräume der Burg samt den ausgegrabenen Bauplastikresten offen zugänglich; auf dem Hof dürfen Besucher ihr Können im Armbrustschießen unter Beweis stellen.

In der Neustadt

Die Neustadt (Nowe Miasto) östlich der Ordensburg war von 1264 bis 1454 eine selbstständige Stadt – hier besaß der Deutsche Orden größeren Einfluss als in der Altstadt.

Ihre Hauptkirche, die ****Jakobikirche** (kościół św. Jakuba) ❽, liegt nahe dem **Neustädter Markt** (Rynek Nowego Miasta). Anders als die meisten Kirchen im Ordensland ist sie keine Hallenkirche, sondern eine Basilika, d. h. das Hauptschiff ist höher als die Seitenschiffe und wird von oben beleuchtet. Die eindrucksvolle Kirche (14. Jh.) besitzt eines der ältesten Sterngewölbe Europas.

Im eleganten Chor sind zahlreiche glasierte Backsteine, ein wichtiges Gestaltungsmittel der hiesigen mittelalterlichen Architektur, eingearbeitet. Seltenheitswert hat der mittelalterliche Buchstabenfries um das Hauptportal sowie jener im Innenraum des Chores. An einigen Stellen sind noch gotische Fresken erhalten (so etwa das »Jüngste Gericht«, rechts vom Eingang).

Infos

Vorwahl: 0 56

Rynek Staromiejski 1, im Rathaus, Tel. 6 22 37 46, 6 21 09 31.

Helios, ul. Kraszewskiego 1/3, Tel. 6 22 50 33/38, Fax 6 22 35 65, www.orbis.pl/hot_hel.html. Das einstige Luxushotel, 1973 zur 500-Jahr-Feier von Kopernikus' Geburtstag erbaut, hat seine besten Zeiten hinter sich, ist aber trotzdem nicht gerade preiswert. ○○

▮ **Kosmos,** ul. Ks. Jerzego Popiełuszki 2, Tel. 6 22 89 00, Fax 6 22 13 41, www.orbis.pl/hot_kos.html. Das Preis-Leistungs-Verhältnis ist auch hier nicht das beste. ○○

▮ **Zajazd Staropolski,** ul. Żeglarska 10/14, Tel. 6 22 60 60, Fax 6 22 53 84. Neben der Johanniskirche. Ein bewachter Parkplatz liegt einige hundert Meter entfernt an der Weichsel. ○○

▮ **Jugendherberge:** ul. Podmurna 4, Tel. 6 22 35 53. In einem gotischen Turm untergebracht.

Camping: ul. Kujawska 14, Tel. 6 22 41 87. Auf der anderen Weichselseite gelegen, auch Bungalows.

Zajazd, siehe oben. Gute polnische Küche. ○○

Seite 54

Eine Alternative zur Landesküche sind mehrere internationale Restaurants. Lecker sind die Pizzen des **Bella Italia** am Marktplatz sowie des **Ristorante Italiano Staromiejska** in einem schönen alten Haus (ul. Szczytna 4, 3 Min. vom Markt). Beide OO

Thorner Kneipen bestreiten das Nachtleben: **Pod Aniołem** im Rathauskeller (der Engel an der Wand weist den Weg); **Kaitachino** und **Azyl,** ul. Kopernika; **Pub,** ul. Browarna, **Zamek** (mehr discomäßig) im Pavillon neben der Ordensburg. Ein anderes Klima vermittelt **Kawiarnia pod Atlantem** (ul. Rabiańska), ein stilvolles Café mit dem Flair vergangener Epochen. Im Ethno-Stil zeigt sich das Café **U Damroki** in einer der Holzhütten des Freilichtmuseums unweit vom Zentrum (Wały gen. Sikorskiego 19).

Die Honigkuchen »Thorner Katrinchen« werden in unterschiedlichen Formen, als Prunkwagen oder Trachtenfiguren, seit 1640 gebacken. Sie sind ein Augenschmaus und ein perfektes Mitbringsel. Schöne Exemplare bekommt man in einem Laden auf der ulica Żeglarska zwischen dem Markt und der Johanniskirche; vor dem Verzehr wird jedoch wegen ihrer Härte eher gewarnt.

Festival im Mai

Alljährlich im Mai verwandelt sich die Stadt in eine einzige große Bühne: Auf dem Programm des Theaterfestivals stehen die Namen nationaler wie internationaler Gruppen; an jeder Ecke gibt es Straßentheater. (Programm und Kartenvorbestellung im Touristenbüro.)

Die Deutschordensburg in Gollub

Ausflug nach Golub-Dobrzyń (Gollub)

42 km sind es bis zur einstigen ***Grenzburg** des Deutschen Ordens, die über dem hohen Drewenz-Tal auf die Ebene Masowiens herabblickt. Die vier Burgflügel gruppieren sich um den von einem Kreuzgang umgebenen Innenhof. Die ungewöhnliche Bekrönung der Wände mit einer Attika – eine für polnische Renaissancebauten typische dekorative Stützmauer – ließ Anna Wasa, die Schwester des polnischen Königs Sigismund III. Wasa, 1620 hinzufügen.

Im Rahmen einer Führung besichtigen Sie ein kleines Museum in den einstigen Burgsälen. (Di–So 9–19, im Winter bis 15 Uhr.)

Tipp: Die Burg bildet alljährlich vom 15. bis 18. Juli eine schöne Kulisse für die **Ritterspiele,** bei denen sich edle Herren aus ganz Europa hoch zu Ross, in Rüstung und mit Schwert, Beil oder Lanze dem Kampf stellen. Beim Armbrustschießen darf man selbst sein Können erproben. Über das Programm erteilt die Touristeninformation Auskunft (es gibt keinen Kartenvorverkauf). Es ist jedoch ratsam, in Thorn Quartier zu beziehen, da Gollub keine akzeptable Unterkunft zu bieten hat.

1

Seite 66

Tour 1

Zu den Steilküsten der Stettiner Bucht

Szczecin (Stettin) → Kamień Pomorski (Cammin in Pommern) → *Woliński-Nationalpark → Międzyzdroje (Misdroy) → Świnoujście (Swinemünde) (135 km)

Die breitesten Strände der Ostsee in Misdroy und Swinemünde, gesäumt von der gewaltigen Steilküste, verlocken immer wieder zu ausführlichen Badestopps. Die Insel Wollin, eine von drei Inseln, die das Mündungsdelta der Oder bilden, wartet mit einer überwältigenden Landschaft auf. Das zum tosenden Meer hin steil abfallende hügelige Land ist seit Urzeiten von einem herrlichen Mischwald überzogen. Wanderungen auf markierten Wegen bieten eine schöne Abwechslung zum Badeleben, das hier im Vordergrund steht. Beliebter Freizeitsport ist die Bernsteinsuche am Strand oder in den vielen Geschäften, in denen das »Gold der Ostsee« verkauft wird (s. S. 8/9).

Nicht nur bei Regenwetter ist ein Orgelkonzert im eindrucksvollen Dom zu Cammin ein Erlebnis. Mindestens zwei Tage sollten Sie für die Fahrt einplanen.

Kamień Pomorski ❶

Cammin in Pommern (10 000 Einw.), in der Neuzeit als Solebad geschätzt, liegt 84 km nördlich von Stettin. Von 1176 bis zur Reformation war Cammin

Im Dom zu Cammin

Bistum, blieb es also auch, als Stettin bereits Hauptstadt Pommerns geworden war. Die Versandung des Oder-Mündungsarmes Dziwna (Dievenow), des einzigen Zugangs zum Meer, leitete den Niedergang der einst blühenden Handelsstadt ein.

Eines der wenigen Gebäude, die den Zweiten Weltkrieg unbeschadet überstanden haben, ist der 1176 gestiftete **Dom des heiligen Johannes** (katedra św. Jana) nordöstlich des Marktes. Von dem Granitbau aus dem 12. Jh. ist nur das nördliche Querschiff erhalten. Der spätromanischen ersten Backsteinkirche folgte ein Umbau in der Gotik, den man wiederum barockisierte. Der Hochaltar und eine Kanzel gehören noch zum Originalbestand aus Hochgotik und Barock.

Das Prunkstück der Kathedrale ist die *Orgel von 1669, deren herrlicher Klang nicht nur Musikliebhaber begeistert. Die Silberpfeifen werden von vergoldeten Heiligenfiguren bekrönt. Der Stifter, Bischof Boguslaw de Croy, blickt von dem von Cherubinen gehaltenen Bild unter der Orgel herab.

1

Seite 66

Tipp Zwischen Juni und August zieht das internationale **Orgelfestival** Besucher aus ganz Polen nach Kamień; die Konzerte werden meist freitags veranstaltet; in den anderen Sommermonaten Vorführungen tgl. 11 und 16 Uhr.

Das Restaurant **Magellan,** ul. P. Wysockiego 5, Tel. 0 91/ 3 82 14 54, serviert sehr gute Fischgerichte. ❍❍
▮ Auch das Restaurant des Hotels **Pod Muzami,** ul. Gryfitów 1, Tel. 3 82 22 40, ist empfehlenswert. ❍❍

Dziwnówek ❷ und Umgebung

Nur 8 km nördlich ist bei Dziwnówek (Wald-Dievenow) die Ostseeküste erreicht. Wer Zeit hat, sollte einen Abstecher nach Osten zu den schönen Badeorten **Pobierowo** (Poberow), **Niechorze** (Hoff) und **Rewal** (Reval) unternehmen.

In **Trzęsacz** (Horst), 13 km östlich, trifft man auf eine erstaunliche *Kirchenruine aus dem 15. Jh., deren Tage trotz großer Bemühungen der Denkmalschützer vermutlich gezählt sind. Die Steilküste weicht jährlich etwa 80 cm zurück, so dass von der Kirche, die früher einmal die Dorfmitte markierte, heute nur noch der direkt am Abgrund stehende Chor zu sehen ist.

Wie an allen Badestränden dieser Welt bestimmen auch hier Sonnenschirme, Eis- und Limonadeverkäufer, Kinder mit Sandförmchen und Schwimmreifen sowie Cliquen junger Leute das Bild.

Tipp Als Fan von Schmalspurbahnen sind Sie an der so genannten Bernsteinküste richtig. Eine geruhsame Fahrt in einem Retro-Zug wird im Sommer häufig zwischen Trzebiatów und Gryfice durch Trzęsacz und Niechorze angeboten (55 km, Auskunft unter Tel. 0 91/5 76 83 63).

*Woliński-Nationalpark ❸

In **Dziwnów** (Bad Dievenow; 4 km westlich von Dziwnówek) verbindet eine Zugbrücke das Festland mit der Insel Wollin. 15 km weiter beginnt der etwa 100 km² große Woliński-Nationalpark (Woliński Park Narodowy). Die Endmoräne erschuf hier Höhenunterschiede von bis zu 115 m, entsprechend führt die Straße in ständigem Auf und Ab durch einen herrlichen Buchenwald.

Die größte Attraktion des Parks bilden die bis 93 m hohen Klippen der Steilküste. Durch ihr Zurückweichen kippen die mächtigen Baumstämme um und fallen auf den Strand, was ihm eine urzeitliche Erscheinung verleiht.

Beachtlich ist die Vielfalt der Flora und Fauna: Es dominieren zwar Buchen, aber auch Kiefern, Eichen und die seltenen Eiben wachsen hier. Das Symbol Wollins ist der Seeadler, der lautlos und scheinbar ohne jede Bewegung über der Insel kreist. Die Verschmutzung des Stettiner Haffs hat die Zahl der Seeadler leider bis auf wenige Familien dezimiert. 200 weitere Vogelarten sind im Nationalpark heimisch. Gute Beobachter erblicken vielleicht sogar Schreiadler, Uhus, Falken und Milane.

Wanderwege führen von Misdroy (s. unten) zu den schönsten Teilen des Parks: Rote Zeichen markieren den Weg entlang der Küste, blaue führen zum Haff und zum Türkisen See (jezioro Turkusowe in Wapnica) – einem in einem alten Kreideberg angelegten See, dessen Wasser tatsächlich türkisgrün ist (Badeverbot). Die grüne Mar-

Die Küste bei Misdroy

kierung bringt Sie, vorbei an einem Gehege mit Wisenten, zu den malerischen Seen im Osten des Parks. Der mächtige Wisent, ein Verwandter des nordamerikanischen Bisons, dessen weltgrößte Herde im ostpolnischen Białowieża zu Hause ist, war bis ins 14. Jh. auch in Pommern heimisch. Man plant, Wisente auf der Insel Wollin auszusetzen.

Mondänes Międzyzdroje ❹

Am Westrand des Nationalparks entwickelte sich Międzyzdroje (Misdroy; 6000 Einw.) bereits Mitte des 19. Jhs. zum mondänen Badeort. Zahlreiche Villen des Fin de Siècle zeugen noch von der Atmosphäre der einstigen Sommerfrische. Heute ist der Ort beliebtes Ziel zahlreicher Wasserratten. Etwa eine halbe Million Menschen machen hier jährlich Urlaub. Wo sich einst die Arbeiter in sozialistischen Heimen erholten, erregen heute die Nobelkarossen der Gäste des Luxushotels Amber-Baltic Aufmerksamkeit.

Amber-Baltic, ul. Promenada Gwiazd 1, Tel. 0 91/3 28 10 00, Fax 3 28 10 22, www.hotel-amber-baltic.pl. Das wohl nobelste Hotel an der polnischen Küste mit Swimmingpool, Tennis- und Golfplätzen, Kegelbahn und Kasino. ○○○

Fin de Siècle in Misdroy

Merlin, ul. Bohaterów Warszawy 37, Tel. 0 91/3 28 07 28, Fax 3 28 07 29. Ein Betonbunker der spätsozialistischen Ära, aber nah am Strand. ○○

Camping: ul. Polna 23, Tel. 0 91/3 28 05 84. Badestelle, Restaurant.

Imbisse an der **Seepromenade** – z. B. neben der Mole oder beim Amber-Baltic – servieren Forelle, Schleie, Hecht oder Heilbutt.

Tipp Wilde Männer mit gehörnten Helmen zeigen sich den verdutzten Reisenden jedes Jahr im Juli in Wolin, 17 km von Misdroy. Schiffe mit Drachenköpfen verraten sofort, dass ein internationales **Wikinger-Festival** stattfindet (Tel. 0 91/3 26 13 22).

Świnoujście ❺

Swinemünde (44 000 Einw.), 135 km, liegt auf der größtenteils deutschen Insel Usedom und ist per kostenloser Fähre von Wollin erreichbar. Swinemünde ist seit 1720 Vorhafen Stet-

1

Seite 66

1

Seite 66

Swinemünde mit seinem Sandstrand ist ein beliebtes Urlaubsziel

tins. Im 19. Jh. entwickelte sich die Hafenstadt zum eleganten Seebad – ein Anspruch, dem die Stadt heute wieder gerecht werden will. Der saubere breite Strand und der schöne Kurpark bieten gute Voraussetzungen. Das Flair vergangener Zeiten vermitteln die Sommerhäuser aus dem 19. Jh.

Sehenswert ist das **Fischereimuseum** (pl. Rybaka 1, Di–Fr 9–17, Sa/So 11–17 Uhr) sowie der 1857 erbaute **Leuchtturm,** der höchste an der polnischen Ostseeküste.

Bałtyk, ul. Armii Krajowej 5, Tel. 0 91/3 21 23 91. Gute Mittelklasse, Hafenblick. ❍❍

Albatros, ul. Kasprowicza 2, Tel. 0 91/3 21 23 36. In Strandnähe. ❍

Empfehlenswert sind die Hotelrestaurants. An Fischbratküchen und Imbissständen können Sie den kleinen Hunger stillen.

Auf dem **Polenmarkt** nahe der Fußgängergrenze nach Bad Ahlbeck gibt es vieles günstig zu kaufen.

Theodor Fontane (1819–1898), dessen Vater in Swinemünde eine Apotheke besaß, verbrachte hier seine Kindheit. In **Meine Kinderjahre** schildert er diese Zeit.

Tour 2

Von Junkern und Kartoffeln

Szczecin (Stettin) → Kołobrzeg (Kolberg) → *Darłowo (Rügenwalde) → Słupsk (Stolp) → Łeba (Leba) → *Putziger Nehrung → Gdańsk (Danzig) (550 km)

Der Reiz des flachen Landes offenbart sich nicht auf den ersten Blick, vielmehr liegt er im Verborgenen. Es ist die endlose Weite der Felder, die bezaubert. Wesentlich lohnender als die Hauptstraße von Stettin nach Danzig ist die längere Strecke entlang der Küste.

Schon die Aufzählung nur einiger Programmpunkte – das Stettiner Rathaus des bekannten Baumeisters Karl Friedrich Schinkel, der Mariendom in Kolberg oder die wandernden Sanddünen bei Leba – macht neugierig. Die Strecke durch Pomorze Zachodnie (Westpommern), wie das Gebiet heute heißt, kann in drei Tagen bewältigen, wer mit einem flüchtigen Blick zufrieden ist. Will man jedoch die herrlichen Sandstrände der Ostsee nicht nur sehen, sondern auch in vollen Zügen genießen, sollte man entsprechend mehr Zeit mitbringen.

Endlose Getreide- und Kartoffelfelder in der sanft gewellten Landschaft begleiten Sie auf dem ganzen Weg. Die ehemaligen Gutshöfe der Junkerfamilien mit z. T. so berühmten Namen wie von Bismarck, von Zitzewitz und von Osten wurden nach 1945 in sogenannte PGRs, landwirtschaftliche Produktionsgenossenschaften, umgewandelt und fristen noch heute ihr trostloses Dasein. Vielleicht bringt eine Aufnahme in die EU hier Besserung.

Kołobrzeg ❻

Im Sommer verbringt scheinbar halb Polen seine Ferien an den Stränden Kolbergs (47 000 Einw., 146 km): Die Strandpromenade ist brechend voll, alle Strandkörbe sind ausgebucht und die Eisverkäufer können über mangelnde Nachfrage nicht klagen.

Das heutige Kolberg lässt kaum erahnen, wie lang und kriegerisch seine Geschichte ist. Eine befestigte slawische Siedlung wurde im Jahr 1000 für 17 Jahre vom späteren polnischen König Boleslaw I. dem Tapferen (Chrobry) erobert, der hier das erste Bistum Pommerns errichtete. Die spätere Stadt trat 1284 der Hanse bei, was ihre wirtschaftliche Bedeutung (Salzgewinnung in den nahe gelegenen Salzwerken) noch vergrößerte. Preußen baute Kolberg zu einer starken Festung aus, die August Wilhelm Graf von Gneisenau 1806 bis 1807 erfolgreich gegen französische und polnische Truppen verteidigte.

Im Zweiten Weltkrieg wurde die Stadt fast völlig zerstört und erst nach 1980 wieder aufgebaut.

Der *Mariendom

Das herausragende Baudenkmal der Stadt ist der restaurierte Mariendom (katedra Najświętszej Marii Panny). Die Hallenkirche entstand Anfang des 14. Jhs. und wurde später um jeweils ein Schiff an jeder Seite erweitert. Die Westfassade mit den beiden Türmen liegt wie ein massiver Riegel vor dem Kirchenbau. Eine Kostbarkeit der ursprünglichen Innenausstattung ist das gotische ***Bronzetaufbecken** (1355) mit Darstellungen aus dem Leben Christi. Der ***Schiffskronleuchter** (1523), nach seinem Stifter Schlieffenskrone genannt, gehört zu den exquisitesten Beispielen gotischer Schnitzkunst in Pommern. Nicht weniger bemerkenswert ist der siebenarmige ***Stehleuchter** von 1327 aus einer Lübecker Werkstatt.

Der Mariendom ist das herausragende Baudenkmal in Kolberg

Das *Rathaus

In der Nähe des Doms entstand Ende des 19. Jhs. über gotischen Kellergewölben das Rathaus – nach Entwürfen von Karl Friedrich Schinkel. Das massige Gebäude im neogotischen Stil gleicht mit seinem zinnenbewehrten Turm und den vorstehenden Seitenflügeln einem Schloss.

Weitere Informationen erhalten Sie in der ul. Dubois 20, Tel. 0 94/3 52 23 11.

Solny, ul. Fredry 4, Tel. 0 94/ 3 52 24 01, Fax 3 52 59 24,

2

Seite 66

2

Seite 66

www.orbis.pl/hot_sly.html. Ein typisches Orbis-Hotel im Stil eines Novotels; in Strandnähe. ○○○

▮ **Jugendherberge:** ul. Śliwińskiego 1, Tel. 0 94/3 52 27 69 (nur im Sommer geöffnet).

Camping: ul. IV Dywizji Wojska Polskiego 1, Tel. 0 94/3 52 45 69. Bungalows, Badestelle.

Fregata, ul. Dworcowa 12. Ausgezeichnete polnische Küche. ○

Rathaus und Marienkirche in Rügenwalde (Darłowo)

Darłowo ❼

Der nächste Ort auf der Strecke ist Darłowo (Rügenwalde; 15 000 Einw.), 226 km, das bereits 1270 die Stadtrechte erhielt. Das gut erhaltene, hübsche Zentrum mit engen Straßen und einigen schönen Architekturdenkmälern weckt Lust auf einen kleinen Stadtbummel.

Mittelpunkt ist der **Marktplatz** mit seinem barocken **Rathaus** und repräsentativen Patrizierhäusern. In der Nähe erhebt sich die **Marienkirche** (kościół Najświętszej Marii Panny; 14. Jh.) mit dem Grabmal (1888) des Königs von Schweden, Dänemark und Norwegen, Erik I. (reg. 1397–1442), der nach seiner Absetzung bis zu seinem Tod 1459 in Darłowo lebte.

Außerhalb der Stadtbefestigung mit dem Steintor (Brama Kamienna) steht die schönste der drei in Pommern erhaltenen Friedhofskapellen (Rügenwalde, Köslin und Stolp), die ***St.-Gertruden-Kapelle** (kaplica św. Gertrudy). Der Zentralbau entstand vermutlich 1434 nach der Wallfahrt Eriks I. nach Jerusalem in Anlehnung an die dortige Grabeskirche (Anastasisrotunde).

Südlich der Altstadt trutzt auf der ehemaligen Mühleninsel die herzogliche ***Burg** (14.–16. Jh.), eine viereckige Anlage mit quadratischem Torturm; hier ist das **Regionalmuseum** mit seiner maritimen Sammlung eingezogen (geöffnet Di–So 10–16, im Sommer bis 18 Uhr).

Słupsk ❽

Stolp (103 000 Einw., 275 km) zählt neben Koszalin und Szczecin heute zu den wichtigsten Städten des polnischen Pommern. Die im Mittelalter durch den Bernsteinhandel wohlhabend gewordene Hansestadt versank nach der Verschlickung der zur See führenden Słupia (Stolpe) in Bedeutungslosigkeit.

Erst im 19. Jh. konnte sich Słupsk wirtschaftlich erholen. Wie es in der Vorkriegszeit zum Beinamen »Paris von Hinterpommern« kam, ist heute kaum mehr nachvollziehbar, da die Rote Armee die Stadt nach der Einnahme 1945 abbrennen ließ. Nach der anschließenden Vertreibung der deutschen Bevölkerung siedelten sich viele Warschauer, die 1944 ihrerseits von der SS vertrieben worden waren, in Słupsk an.

Bürgerhaus in Stolp

Tipp Heute ist Słupsk über die Grenzen Polens hinaus für sein alljährlich im September stattfindendes **Klavierfestival** berühmt.

Beginnen Sie Ihren kleinen Spaziergang am besten am zentral gelegenen **Plac Zwycięstwa** (ehemaliger Stephansplatz) mit dem neogotischen **Rathaus** von 1898. Durch das gotische **Neue Tor** (Nowa Brama; 15. Jh.) gelangen Sie in die Altstadt (Stare Miasto), beziehungsweise zu dem, was von ihr übrig geblieben ist. Hinter dem Tor fällt der wuchtige, ungegliederte Turm der **Marienkirche** (kościół Mariacki, 2. Hälfte 14. Jh.) ins Auge. Am nahen **Marktplatz** (Stary Rynek) stehen noch einige alte Bürgerhäuser.

Bald ist das **Schloss** aus dem 16. Jh. erreicht. Das darin untergebrachte ***Regionalmuseum** (Muzeum Pomorza Środkowego; Di–So 10–16 Uhr) birgt u. a. die Zinnsarkophage der beiden in der Schlosskirche bestatteten Mitglieder der Herzogsfamilie: Słupsk war vom 15. bis 17. Jh. Hauptstadt eines der Herzogtümer Pommerns. Sehenswert sind die Pastellporträts eines der eigensinnigsten Künstler und Schriftsteller der polnischen Zwischenkriegszeit, Stanisław Ignacy Witkiewicz, Witkacy genannt (1885 bis 1939). Auf seinen expressionistischen Bildern hat Witkacy immer vermerkt, welche Droge ihn beim Schöpfungsakt unterstützt hatte. Die Hilfsmittel reichten vom unschuldigen Bier bis zum halluzinogenen Peyotl-Kaktus.

Neben dem Schloss stehen die gotische **Schlossmühle** (15. Jh.; ethnographische Sammlung), ein 1998 rekonstruierter Speicher und die ***Schlosskirche** (kościół św. Jacka). Zwei Grabdenkmäler im Innern zeigen die die Herzogin Anna de Croy und den knienden Boguslaw de Croy in Begleitung zweier völlig behaarter Waldmenschen, der so genannten Wilden Männer.

i Weitere Informationen erhält man in der ul. Wojska Polskiego 16, Tel. 0 59/8 42 43 26.

Motel Przymorze, ul. Szczecińska 41, Tel. 0 59/8 43 08 60, Fax 8 43 08 52. ○○
▮ **Rowokół,** ul. Ogrodowa 5. Tel. 0 59/8 42 72 11, Fax 8 42 72 13. ○○
Beide Hotels sind nicht gerade überwältigend, aber immer noch die besten im Ort.

Pod Kluką, Kaszubska 22, Tel. 0 59/8 42 34 69. Regionalküche in gemütlichem Ambiente. Probieren Sie »Walnusssuppe« – das Geheimrezept ließ sich der Wirt patentieren – und »Birne auf Kaschubisch«. ○○

**Słowiński-Nationalpark

Der weitere Weg führt nach **Łeba** ❾ (Leba; 4000 Einw.), 336 km, idealer Ausgangspunkt für Ausflüge zum

2 Seite 66

2

Seite 66

Blick von der Lonzker Düne im Słowiński-Nationalpark

Lonzker Düne

Słowiński-Nationalpark. Die herrlichen Sandstrände sprechen außerdem unbedingt für eine ausgiebige Badepause.

Der Nationalpark umfasst die Seen **Leba** und **Garder** (jez. Łebsko, jez. Gardno), dazu die sie von der Ostsee trennenden **Nehrungen** – eine einmalige Landschaft mit seltenen Tieren und Pflanzen. Die Nehrung bedecken gewaltige, teils noch wandernde, teils bereits bewaldete Sanddünen. Die eindrucksvollste ist die **Łącka Góra** (Lonzker Düne): Über 40 m hoch, wandert sie jährlich einige Meter ostwärts. In Europa können nur zwei Dünen dieser Art mit ihr konkurrieren – die der Kurischen Nehrung in Litauen und die Dune de Pilat bei Arcachon in der Biskaya-Bucht.

Wandern im Park

Der beste Ausgangspunkt für Ausflüge in den Nationalpark ist der Parkplatz in Rąbka, etwa 2 km westlich von Łeba. Von hier kann man die verbleibenden 5 km bis zur Düne laufen, alternativ ein Fahrrad mieten, sich in einem Pferdewagen kutschieren lassen oder einen Elektrowagen besteigen. Der Weg, eine Betonpiste, erin-

Reise zu den Slowinzen

Ein Wanderweg entlang des jezero Łebsko führt von Łeba nach **Smołdzino** (Schmolsin) und **Kluki** (Klucken), in die vor 1945 letzten slawischen Dörfer Pommerns (auch mit dem Auto via Wicko zu erreichen). Noch nach dem Zweiten Weltkrieg lebten hier die letzten Slowinzen, eine mit den Kaschuben verwandte ethnische Gruppe. Die Abgeschiedenheit des sumpfigen Geländes ermöglichte es ihnen, ihre Sprache und ihr Brauchtum so lange lebendig zu erhalten. In Smołdzino wurde ein **Museum des Słowiński-Nationalparks** eingerichtet (tgl. 8–16 Uhr); in Kluki präsentiert ein ***Freilichtmuseum** die traditionelle Volksarchitektur und das Brauchtum der Slowinzen (15. Mai–15. Sept. Mi–Sa 9–16, Di und So 9–18 Uhr).

Eine gemütliche Fahrt im Pferdewagen durch den Słowiński-Nationalpark

nert an die militärische Nutzung des Gebietes während der NS-Zeit; hier wurden V 1-Flugkörper getestet. Am Ziel Ihrer Wanderung kommen Sie zu den ersten den Wald verschlingenden Sandwänden. Angesichts dieser Naturgewalten kann man sich leicht vorstellen, dass die erste Stadt Łeba den Dünen zum Opfer gefallen ist und im 16. Jh. weiter nach Osten verlegt werden musste. Ob barfuß oder in Schuhen, das Erklimmen der Düne ist mühsam. Doch oben wird man mit einem Superausblick belohnt: Bis fast an den Horizont zieht sich eine Sandwüste. Es ist ratsam, sich früh am Morgen auf den Weg zu machen, bevor Horden von Schulkindern die Düne als riesige Rutschbahn benutzen.

Naturfreunden bietet der Park noch viel mehr, z. B. riesige Erlenwälder oder eine erstaunliche Vielfalt an Wasservögeln. Der markierte Weg führt weiter nach Westen, zuerst an der Ostseeküste, später inmitten der Nehrung bis nach Rowy (etwa 20 km).

Wodnik, ul. Nadmorska 10, Łeba, Tel. 0 59/8 66 13 66, Fax 8 66 15 42. Nach dem Umbau bietet das einstige Betriebsheim guten Komfort (Restaurant, Café). Ruhig und in unmittelbarer Strandnähe. ❍❍

Pensjonat Krystyna, Łeba-Nowęcin 57, Tel. u. Fax 0 59/8 66 21 27. Ruhiges Haus außerhalb des Zentrums, die Besitzerin spricht Deutsch. Tolles Frühstück. ❍

Camping: Insgesamt fünf große Campingplätze befinden sich an der ul. Turystyczna und der ul. Nadmorska.

2

Seite 66

Zum nördlichsten Punkt Polens

Zarnowitzer-See

Kurz vor **Żarnowiec** (Zarnowitz) ⑩, 386 km, liegt der See (jezioro Żarnowieckie), an dem das einzige polnische Kernkraftwerk vom Typ Tschernobyl gebaut werden sollte. Dieses Vorhaben wurde wegen großen Widerstands der Bevölkerung aufgegeben.

Krokowa ⑪

In Krokowa (Krockow), 393 km, ließ sich die Familie Krockow im 17. Jh. ein Schloss erbauen, das seit Anfang der 1990er-Jahre als **deutsch-polnische Begegnungsstätte** dient. Neffen des Historikers Christian Graf von Krockow, der durch Veröffentlichungen über seine Heimat einem breiten Publikum bekannt geworden ist, organisieren Ausstellungen und Treffen.

Christian Graf von Krockow, der aus Rumbske bei Stolp stammt, beschreibt in seiner **Reise nach Pommern** (mehrere Ausgaben, dtv-Verlag) ein Land, dessen Charme sich nach und nach offenbart: Seen, Wälder, die »sanfte Dünung der Felder«, Störche und schier endlose Alleen. Dort, wo »die Natur keine Sprünge, weder ins Schroffe noch ins Verspielte«, macht, ist das Buch der beste Reisebegleiter.

2

Seite 66

Jastrzębia Góra ⓬

Nach 3 km biegt man Richtung Küste nach Karwia (Karwen) mit einem schönen Sandstrand ab und erreicht Jastrzębia Góra (Habichtsberg), 409 km. Auf einem Steilufer liegt der in der Vorkriegszeit exklusive Badeort. Ein Fahrstuhl führte einst zum Strand hinab; heute mühen sich die Urlaubermassen, bepackt mit Luftmatratzen, Kühltaschen und Sonnenschirmen, zu Fuß das 53 m hohe Ufer hinunter und wieder hinauf.

Übrigens ist gleich hinter dem Ort der nördlichste Punkt Polens erreicht. Er wird durch den **Leuchtturm von Rozewie** (Rixhöft) markiert.

*Putziger Nehrung

Nur einen Katzensprung entfernt beginnt die 34 km lange Putziger Nehrung (Mierzeja Helska). Vier Dörfer, ein Städtchen und mehrere Campingplätze säumen dieses verlorene Stück Land, das an seiner schmalsten Stelle nicht einmal 1 km breit ist. Das erste kaschubische Dorf, **Chałupy,** 426 km, galt in den 1970er Jahren als »polnisches St.-Tropez«. Damit meinte man nicht etwa luxuriöse Hotels – die Urlauber wohnten in Fischerhäusern –, sondern die Gesellschaft. An dem geduldeten FKK-Strand traf sich die Elite der polnischen Kulturschaffenden.

Einen völlig anderen Eindruck vermitteln Orte wie **Jastarnia** und **Jurata.** Hier tragen die (neureichen) Besucher ihren Wohlstand offen zur Schau.

Bryza, Jurata, ul. Świętopełka 1, Tel. 0 58/6 75 23 43, Fax 6 75 24 26, www.bryza.pl. Das supermoderne Hotel des Multimillionärs Zbigniew Niemczycki bietet eine Schönheitsfarm und Appartements mit Meerblick. Es liegt traumhaft inmitten der Dünen. ○○○

Am Ende der erst seit kurzem für Autos zugänglichen Halbinsel (Militärgebiet) liegt das malerische Städtchen **Hel** (Hela; 5000 Einw.), 452 km, mit hübschen kaschubischen Fischerhäusern entlang der Hauptstraße. Die ehemalige gotische Kirche aus dem 15. Jh. wurde zum Fischereimuseum umgewandelt. Die Idylle lässt nicht erahnen, welch große militärische Bedeutung die Halbinsel im Zweiten Weltkrieg hatte: sowohl für die Polen im September/Oktober 1939 als auch für die Deutschen im Mai 1945 war Hela jeweils einer der letzten verteidigten Stützpunkte.

Über Puck (Putzig) und Reda (Rheda), 508 km, erreichen Sie die Schnellstraße und nach weiteren 42 km Danzig ⓭ (s. S. 31 ff.).

2
Seite 66

Tour 3

Die Kaschubische Schweiz

Gdańsk (Danzig) → Żukowo (Zuckau) → Kartuzy (Karthaus) → Bytów (Bütow) → Kościerzyna (Berent) → Gdańsk (Danzig) (213 km)

3

Seite 66

Westlich von Danzig erstreckt sich ein landschaftlich besonders reizvolles Gebiet: Einer alten Sage zufolge hatte Gott die Kaschuben bei der Erschaffung der Welt vergessen. Von einem Engel darauf hingewiesen, konnte er diesem Volk nur noch das geben, was in seiner großen Lehmkiste übrig geblieben war: Diese restlichen Brocken und Seen verstreute Gott über das weite Land. So leben die Kaschuben, eine 200 000 Menschen zählende slawische Volksgruppe, zwischen recht steilen Hügeln, tiefen Seen, dichten Wäldern, umtost von der Brandung des Meeres – etwa zwischen Starogard Gdański im Süden, Bytów im Westen und der Küstenlinie von Gdynia bis Karwia im Norden. Ihre Kultur konnten sie bis heute erhalten: ihre charakteristische Holzarchitektur, ihre Erzähl- und Stickkunst, ihre Musik.

Ein Zweitagesausflug von Danzig aus vermittelt einen ersten Eindruck der Schönheit der Landschaft; so richtig kann man die Kaschubei aber nur kennenlernen, wenn man sein Zelt an einem der vielen Seen aufschlägt und sich wirklich Zeit nimmt.

Anna Koljaiczek, die Großmutter von Oskar Matzerath aus Günter Grass' »Blechtrommel« brachte es auf den Punkt: »Wenn man Kaschub is, das raicht weder de Deitschen noch de Pollacken. De wollen es immer genau haben.« Grass, selbst Kaschube, der seinen Worten nach das Kaschubische verlernt hat, setzte seiner Volksgruppe in der »Danziger Trilogie« ein literarisches Denkmal.

Die Deutschen wollten die Kaschuben germanisieren, die Polen, die im Kaschubischen lediglich eine Mundart des Polnischen sehen, wollten sie polonisieren. Obwohl man heute an der Universität Danzig »Kaschubistik« lehrt und im Weiler Głodnica in der Nähe des Dorfes Strzepcz die erste Grundschule mit der Unterrichtssprache Kaschubisch gegründet wurde, ist es vielleicht schon zu spät. Was bleibt, sind eine wunderschöne Landschaft und interessante Kulturgüter, die es zu entdecken gilt.

Żukowo und Dzierżążno

21 km westlich von Danzig ⓭ liegt das Dorf **Żukowo** (Zuckau) ⓮. Hier bietet das Restaurant »Chet Kaszubska« Folkloreabende mit kaschubischer Musik und Tanz, ebenso wie das »Burczybas« in **Dzierżążno.**

Die *Klosterkirche von Żukowo erinnert an die Prämonstratenserinnen, die aus Strzelno in Zentralpolen kamen und sich bereits im Jahr 1212 hier ansiedelten. Einige meinen, dass die Nonnen den Einwohnern die traditionelle Kunst der Stickerei beigebracht hätten. Die häufigsten Stickmotive sind Tulpen, Margeriten und Herzen, immer in denselben sieben Farben gearbeitet.

Burczybas (mit Restaurant und Zeltplatz) Dzierżążno, gm. Kartuzy, Tel./Fax 0 58/6 81 26 56. Am Lagerfeuer, an dem manchmal sogar

3
Seite 66

ein Wildschwein gebraten wird, und an den Folkloreabenden kommt Stimmung auf. ◯◯

Camping: Dzierżążno, gm. Kartuzy, Tel. 0 58/6 81 10 00.

Kartuzy ⑮

Nach weiteren 12 km ist die wichtigste Stadt der Kaschubei, Kartuzy (Karthaus; 15 000 Einw.), 33 km, erreicht. Der Name leitet sich von dem seit 1380 hier ansässigen Kartäuserorden her, dessen ***Klosterkirche** (1381 bis 1403) mit ihrem doppelt geschwungenen Mansardendach (18. Jh.) die Hauptsehenswürdigkeit des Ortes ist. Im Innern sind das barocke Chorgestühl (um 1675) mit feinster Schnitzarbeit und der kunstvolle Altaraufsatz von 1444 (in der Seitenkapelle, Kaplica Najświętszej Marii Panny) sehenswert. Die Wände des Chors sind mit einer Ledertapete ausgeschlagen, die König Jan III. Sobieski den Türken in der legendären Schlacht vor Wien 1683 abgenommen haben soll.

Das **Kaschubische Museum** (Muzeum Kaszubskie, ul. Kościerska 1) gibt einen guten Überblick über die Volkskunst der Region (Di–Fr 8–16, Sa 8–15, im Sommer auch So 10–14 Uhr).

Zauberhafte Dörfer

Unmittelbar südwestlich von Kartuzy beginnt der landschaftlich reizvollste Teil der Region mit Seen, steilen Anhöhen und stillen Wäldern. Hier erhebt sich der mit 329 m höchste Berg des polnischen Küstenbereichs, der (bzw. auf Polnisch die) Wieżyca (Turmberg).

Die schönsten Dörfer der Kaschubei liegen dicht beieinander: **Chmielno, Brodnica** und **Ostrzyce** – allesamt in einer herrlichen Landschaft. Chmielno ist das Zentrum der kaschubischen Töpferei. Allen voran ist die Familie Necel zu nennen, die seit Generationen diese Kunst pflegt. Ein kleines Museum neben der Werkstatt zeigt die von ihnen gefertigten bemalten Krüge, Töpfe, Vasen und Becher.

Jezioranka, Ostrzyce, Tel. 0 58/6 84 17 83. Schön gelegene Pension mit gutem Restaurant. ◯◯

3

Seite 66

Pension Hubertówka, Szymbark-Wieżyca, zwischen Kartuzy und Kościerzyna. Tel. 0 58/6 84 38 96. Die Anlage mit ihren Holzhäusern ist die beste Adresse in der Gegend; zu den Annehmlichkeiten zählen Sauna, Tennisplatz, Reitmöglichkeit und Restaurant. ❍❍

Bytów ⑯

Am Westrand der Kaschubei liegt Bytów (Bütow; 16 000 Einw.), 88 km, vom Deutschen Orden gegründet. Von dieser Zeit kündet die mächtige ***Burg** (um 1400), die mit ihrem Museum der Westkaschubei (Muzeum Zachodniokaszubskie) nicht nur eine weitere Sehenswürdigkeit bietet, sondern im angeschlossenen Hotel Zamek (poln. für Burg) auch Betten für müde Urlauber bereithält.

Die Burg gehört zu den jüngsten und modernsten Wehranlagen des Ordens. Zu Beginn des 15. Jhs. errichtet, war sie eine Garnison für Söldner und Vogtssitz. Im Unterschied zu den älteren Klosterburgen gibt es hier einen weiten, unbebauten Hof und massive hervortretende Ecktürme, die bereits auf die Verwendung von Feuerwaffen eingerichtet waren.

Zamek, ul. Zamkowa 2, Tel./Fax 0 59/8 22 20 94. Historisches Ambiente in der Deutschordensburg. ❍❍

Kaschubische Töpferkunst

Kościerzyna und Wdzydze Kiszewskie

Am südlichen Rand der Kaschubei, 34 km von Bütow, befindet sich **Kościerzyna** ⑰ (Berent; 23 000 Einw.), der Ausgangspunkt für Ausflüge in das nahe gelegene Gebiet der **Kaschubischen Seenplatte,** ein beliebtes Wochenendziel der Danziger mit sauberen Seen und herrlichen Wäldern, die zum Spazierengehen und Pilze sammeln einladen.

17 km südlich von Kościerzyna liegt das Kaschubendorf **Wdzydze Kiszewskie** ⑱ malerisch am gleichnamigen See. Das ***Kaschubische Freilichtmuseum** (Kaszubski Park Etnograficzny) besitzt Wind- und Ölmühlen, Bauernhöfe und ein Sägewerk. Die Häuser wurden aus den umliegenden Dörfern zusammengetragen. Im Juli gibt ein Festival Gelegenheit, den Töpfern, Zimmermännern und Müllern bei der Arbeit zuzuschauen, Spezialitäten der Kaschubei zu kosten und Orgelkonzerte in einer reizenden Holzkirche zu genießen (Tel. 0 58/6 86 43 64, Di–So 9–16, im Winter 10–15 Uhr.)

Motel Pod Niedźwiadkiem, Wdzydze Kiszewskie, Wąglikowice, Tel. 0 58/6 86 60 80. Ein preiswertes Standquartier für Ausflüge in die Umgebung. ❍

Tour 4

Rund um die größte Burg Europas

Gdańsk (Danzig) → Weichselwerder → Sztutowo (Stutthof) → Frisches Haff → ***Malbork (Marienburg) → Pelplin → Gdańsk (Danzig) (227 km)

Viele Völker prägten den unteren Weichsellauf – heidnische Prußen, Deutsche, Polen. Allein die Holländer, die das Weichselwerder dem Meer abrangen, erhoben keine politischen Ansprüche. Sie brachten das Know-how zum Bau von Deichen und Wällen mit, errichteten Windmühlen und formten die Landschaft, so dass das Flussdelta mit unzähligen Nebenarmen bis heute an die Heimat der Siedler erinnert. Architektonische Schätze gibt es hier zu sehen: die Pelpliner Abteikirche, kunstvoll verzierte Vorlaubenhäuser und die weltberühmte Marienburg, die von jeher die Phantasie der Menschen angeregt hat. In den Abendstunden meint man vor der imposanten Silhouette der Marienburg das Bild von sagenhaften Rittergestalten in weißen Umhängen mit schwarzen Kreuzen aufsteigen zu sehen: die Deutschordensritter, die idealisierten und verdammten einstigen Herren des Landes. Da Sie allein für die Marienburg mindestens einen halben Tag einplanen sollten, nimmt die ganze Strecke zwei Tage in Anspruch.

Von Danzig ⑬ auf der Hauptstraße nach Warschau erreichen Sie nach wenigen Kilometern das Überschwemmungsgebiet des Weichseldeltas. In

Im Weichselwerder

Nowy Dwór Gdański (Tiegenhof), 36 km, biegt man nach Norden ab und erreicht bei Stegna (Steegen) die Küste. Einige Kilometer östlich heißt es, sich mit der jüngeren Historie auseinanderzusetzen.

4

Seite 82

KZ Stutthof

Das Konzentrationslager in **Stutthof** (Sztutowo) ⑲, 57 km, erinnert an das wohl düsterste Kapitel deutsch-polnischer Geschichte. Seit 1939 wurde dort die polnische Führungselite aus Danzig und Westpreußen interniert. Viele wurden von den Nazis hingerichtet, etliche starben an den menschenunwürdigen Haftbedingungen.

Im Juni 1944 errichtete man in Stutthof Gaskammern, in denen auch griechische und ungarische Juden – wegen der Überfüllung von Auschwitz, wie es hieß – ermordet wurden. Die Angaben über die Opfer schwanken zwischen 65 000 und 85 000 Toten, weit über die Hälfte davon war jüdischer Abstammung. Das in einigen Baracken eingerichtete Museum lässt jeden Besucher erschauern, zumal der Gegensatz zwischen den Gaskam-

An der Frischen Nehrung

mern und den sorglosen Urlaubern am nahen Strand krasser nicht sein könnte. (Di–So 8–18 Uhr; Okt.–April bis 15 Uhr.)

4

Seite 82

Am Frischen Haff

Schnell erreicht man von hier ein riesiges Salzwasserbecken, das Frische Haff (Zalew Wiślany); mittendurch verläuft die polnisch-russische Grenze. Die Passage in die Ostsee durch die einzige Meerenge bei Baltijsk (Pillau) lassen sich die russischen Behörden teuer bezahlen, so dass Polen beabsichtigt, am westlichen Ende der Nehrung selbst einen Kanal zu stechen.

Auf der Frischen Nehrung liegt der seit der Vorkriegszeit bekannte Badeort **Krynica Morska** (Kahlberg) ⑳, 76 km. Nur noch der malerische Fischereihafen erinnert an den einst verschlafenen Ort. Heute prägen Tausende von Urlaubern, die den Strand bevölkern, baden (die Danziger Bucht ist jedoch nicht unbedingt zum Schwimmen zu empfehlen) oder nach Bernstein suchen, das Bild. Im Sommer können Sie von hier einen Schiffsausflug nach Frombork (Frauenburg; s. S. 80) unternehmen.

Das Frische Haff ist untrennbar verbunden mit der Erinnerung an die Massenflucht und Evakuierung der Zivilbevölkerung von Ostpreußen nach Westen, die der Gauleiter in Ostpreußen, Erich Koch, erst im Januar 1945 – zu spät – anordnete. Tausende starben auf dem Weg zur Nehrung, als das Eis nach den Bombenangriffen brach.

Vorlaubenhaus im Weichselwerder

Marynowy ㉑

Zurück über Nowy Dwór Gdański geht es weiter in Richtung Marienburg. In Marynowy (Marinau) sind zwei der für die Region typischen schönen Vorlaubenhäuser zu besichtigen (Nr. 54 und Nr. 55; Anf. 19. Jh.). Diese Häuser besitzen eine Frontlaube, die auf Holzstützen so weit vorgesetzt war, dass man darunter fahren und das Getreide direkt im oberen Teil der Laube abladen konnte.

Die ***Marienburg

Gehen Sie zuerst auf die andere Nogatseite und genießen das unvergessliche Panorama. Man kennt diesen Anblick von vielen Postkarten, doch ist die Wirklichkeit noch viel schöner. Sie stehen vor der mächtigsten Burganlage des europäischen Kontinents. Im Süden schloss die Burg die (1945 zerstörte) Stadt in ihre Mauern ein, nach Norden reicht das Areal über die Bahnlinie, mit deren Bau im 19. Jh. die Vorburg durchschnitten wurde. Der schönste Anblick bietet sich in der

Nachmittagssonne, wenn sich die Burg in Grün-, Rot- und Blauschattierungen zeigt.

Die Bauarbeiten am Hochschloss begannen 1280. Als der Hochmeister des Deutschen Ordens 1309 seinen Sitz von Venedig in die Marienburg verlegte, wurden das Hochschloss vergrößert, Mittelschloss und die Vorburg errichtet. Als letzter Teil der Anlage kam der elegante Hochmeisterpalast hinzu. 1410 konnte die Burg gegen Polen und Litauer verteidigt werden. Im Laufe des Dreizehnjährigen Krieges verkauften Söldner des Deutschen Ordens die Marienburg 1457 an Polen; sie avancierte zu einer Residenz der polnischen Könige. 1772 wurde die Burg preußisch, in eine Kaserne umgewandelt und teilweise abgerissen.

Nach 1817 begann der Wiederaufbau. Doch erst ab 1882 wurden unter dem Baurat Conrad Steinbrecht die Gemäuer erstmals grundlegend wissenschaftlich erforscht und originalgetreu rekonstruiert. Bei der Verteidigung 1945 erlitten die Stadt und die Ostseite der Burganlage verheerende Schäden. Der Wiederaufbau durch die Polen begann 1961. Die Restaurierung der vollständig zerstörten Kapelle (Schlosskirche) mit ihrer riesigen Marienfigur an der Außenwand der Apsis ist noch nicht abgeschlossen.

Die Besichtigung der Burganlage – sie liegt im Zentrum der wenig einladenden Stadt **Malbork** ㉒ (38 000 Einw.) – beginnt vor dem Tor des Mittelschlosses. Geöffnet tgl. 8.30 bis 16.30 Uhr, Gelände bis 18 Uhr; im Winter bis 15 Uhr, Gelände bis 16 Uhr; montags sind die Innenräume geschlossen; regelmäßige Führungen auch auf Deutsch tgl. 9.30–17 Uhr.

Tipp Übernachtet man in Malbork, sollte man sich im Touristenbüro oder im Hotel Zamek nach »Son-et-lu-

Die Besichtigung der mächtigen Marienburg beginnt in der Regel vor dem Tor des Mittelschlosses

4
Seite 73

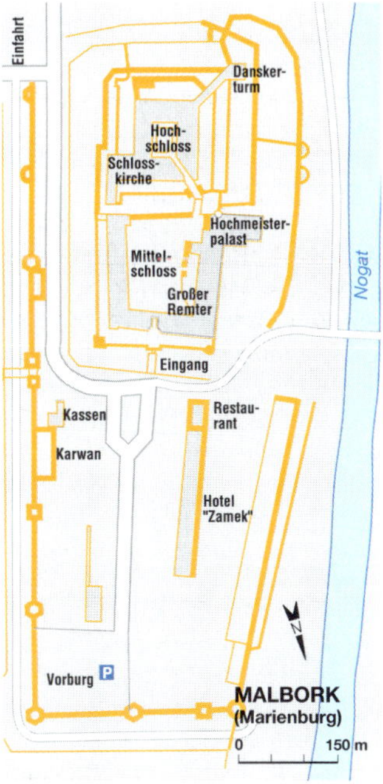

mière«-Veranstaltungen (»światło i dźwięk«) erkundigen. Sie finden von Mai bis September um 21.30 Uhr statt, wenn sich mindestens 40 Personen einfinden (was meist der Fall ist). Untermalt von geschickten Licht- und Toneffekten wird die Geschichte der Burg vorgeführt. Auch eine gelegentlich organisierte Nachtbesichtung der Burg ist keine schlechte Idee: Die dunklen Mauern der Riesenanlage sind sehr beeindruckend.

***Mittelschloss**
Den großen Hof des Mittelschlosses (Zamek Średni; 1. Hälfte des 14. Jhs.) begrenzen der Gästeflügel im Osten, die Firmerie (Krankenräume) im Norden und der so genannte ***Große Remter** – eigentlich Speisesaal – im Westflügel (z. Zt. nicht zugänglich). Im **Burgmuseum** (im Ostflügel des Mittelschlosses) ist die Ausstellung über Bernstein interessant (s. S. 8/9)

4
Seite 73

****Hochmeisterpalast**
Südlich des Großen Remters schließt sich der als riesiger Wohnturm gestaltete Hochmeisterpalast (Pałac Wielkich Mistrzów) an. Der großartige, 1382–1399 entstandene Bau gilt als schönster und besterhaltener Teil der Anlage. Die Fassade zur Nogat hin mit von Kragsteinen gestützten Erkern, freistehenden Säulen und Zinnen sowie quadratischen Fenstern besticht durch ihre Eleganz. Im Inneren begeistern vor allem der Winter- und der Sommerremter mit ihren Palmengewölben.

***Hochschloss**
Durch ein mächtiges Tor gelangt man ins Hochschloss (Zamek Wysoki), das den Konventsbrüdern als Kloster diente. Im ersten und zweiten Geschoss befanden sich daher die wichtigsten Räume des Konventshauses: der

Der Deutsche Orden

Der in Palästina gegründete Orden kam 1230 an die Weichsel, eroberte das Land der Prußen (s. S. 94) und gründete einen mächtigen zentralistischen Staat, der 1525 nach 300 Jahren infolge der Konfrontation mit Polen und Litauen und an dem Widerstand der eigenen Bürger zugrunde ging. Die Ritter überdauerten in Österreich und Süddeutschland, heute unterhalten sie einige Krankenhäuser.

Die Geschichte des Ritterordens gab in den letzten 150 Jahren Anlass zu heftigen Kontroversen. Sowohl die Deutschen als auch die Polen machten den Deutschen Orden zum Symbol ihrer politischen Wünsche oder Ängste. Je nach Betrachter wurden die Ritter mit den schwarzen Kreuzen auf ihren weißen Umhängen glorifiziert oder verdammt.

Die Deutschen suchten nach der Reichsgründung 1870 nach Identitätsstützen. Der effiziente Ordensstaat stand für die Kulturarbeit im – der damaligen Propaganda folgend – »kulturlosen Osten Europas«. Die Ritter hielten Wache an der Grenze der zivilisierten Welt. Ihre Niederlage bei Tannenberg 1410 wurde erst 1914 in der zweiten Schlacht von Tannenberg gerächt. Es war unwichtig, dass das Schlachtfeld relativ weit von jenem mittelalterlichen Feld entfernt war (bei Hohenstein, s. S. 85), es war irrelevant, dass es dieses Mal die Russen und nicht die Polen waren – der geschichtliche Vergleich bot sich an. In noch stärkerem Maße wurde der Deutsche Orden in der Zwischenkriegs- und NS-Zeit strapaziert. Der Unmut über den aufgezwungenen »polnischen Korridor« (s. S. 20), der Ostpreußen vom übrigen Deutschland abtrennte, verstärkte die nationalistischen Töne. Die Nazis gründeten Jugendbildungszentren, die sie Ordensburgen nannten – in Erinnerung an die Vorgänger, mit denen sie sich identifizierten. Diese Welt endete bekanntlich in Schutt und Asche.

Die Polen wiederum assoziierten mit den Ordensrittern nur das Schlimmste. Sie sahen in ihnen nicht Kulturboten, sondern die Verkörperung des deutschen Dranges nach Osten. Die Rittermönche waren nicht edle Missionare, sondern eine hinterlistige, falsche Räuberbande. So sah der Nobelpreisträger für Literatur Henryk Sienkiewicz (»Quo Vadis«) die Ritter in seinem Roman »Die Kreuzritter« (1900). Die Verfilmung des Buches in den 1960er Jahren wurde zum größten Kassenschlager des polnischen Kinos: Der Sieg der Polen bei Tannenberg (poln. Grunwald) hielt die Erinnerung an die Größe eines Landes wach, das im 18. Jh. schlicht unter den Nachbarn aufgeteilt worden war. Die grausamen Zeiten von 1939 bis 1945 ließen bei den Polen endgültig das Bild vom abgrundtief bösen Deutschen entstehen, das sie in einer jahrhundertelangen Geschichte zu entdecken glaubten: von den Deutschordensrittern, die das prußische Volk ausgerottet haben sollen, über die preußischen Beamten des Kulturkampfs bis hin zu den Männern der SS. Die antideutsche Propaganda der kommunistischen Machthaber tat das ihre. Außerdem lieferte die Dämonisierung der Deutschen dem Regime den Vorwand, die Spuren der deutschen Kultur in den nun Polen zugeschlagenen Gebieten Ostpreußens und Pommerns tilgen zu können.

Beide Seiten waren im Unrecht. Dem Mittelalter war jeglicher Nationalismus unbekannt. Sowohl Polen als auch Deutsche blendeten die Ereignisse aus, die nicht in ihr schwarz-weißes Bild passten. Dem Massaker, das die Ordensritter 1308 in Danzig veranstalteten und das für die Polen ein wichtiges Argument gegen die Ritter war, fielen vor allem Deutsche zum Opfer. In der Tannenberg-Schlacht kämpften sowohl Deutsche als auch Polen auf beiden Seiten. In diesem Kampf ging es ganz einfach um die Vormachtstellung in Nordosteuropa. Ihn zum nationalen Kampf, schlimmer noch, zum Ringen der Slawen gegen die Germanen, zu stilisieren, ist Humbug. 1454 waren es größtenteils Deutsche, die sich gegen den Orden auflehnten und sich freiwillig der polnischen Krone unterordneten.

Doch ist Erfreuliches zu berichten. Das schwarze Bild von den Deutschordensbrüdern weicht in neueren polnischen Veröffentlichungen einer differenzierten Sichtweise. Die Entwicklung der nachbarschaftlichen Beziehungen lässt hoffen, dass die Ordensritter nie wieder als Feindbilder herhalten müssen und eine objektive Geschichtsbetrachtung möglich wird.

4
Seite 73

Remter (bzw. Refektorium, Speisesaal), die **Kapelle,** der Kapitelsaal (Versammlungsraum) und das **Dormitorium** (Schlafraum). Im Hauptgeschoss fällt der Blick auf das Kapellenportal, die ***Goldene Pforte** (Złota Brama, um 1280), umrahmt von Fabelwesen. Auch den kahlen Raum der **Schlosskirche** kann man besichtigen – mit Resten von Bauplastik und Fresken. Die Restaurierung scheiterte bisher am Fehlen eines schlüssigen Wiederaufbaukonzepts.

Der diagonal zu den Mauern verlaufende Arkadengang führt zu dem um 1340 erbauten **Danskerturm** (Abortturm). Seine Besteigung ist der krönende Abschluss eines Besuchs der Marienburg. Der Blick, der sich auf die Burganlage, die Stadt und das Weichselwerder mit der Nogat öffnet, ist unvergleichlich.

Eine Buchhandlung am Hof des Mittelschlosses führt ein breites Spektrum an Literatur und Fotobänden zur Marienburg.

Zamek, ul. Starościnska 14 (in der Vorburg), Tel. 0 55/2 72 27 38, Fax 2 72 33 67. In historischer Umgebung. ○○○
▮ **Zbyszko,** Kościuszki 43, Tel. 0 55/ 2 72 33 94. Preiswertes, einfaches Hotel im Zentrum von Malbork. ○
▮ **Jugendherberge:** Żeromskiego 45 (Juli–August), Tel. 0 55/2 72 24 08.

Camping: ul. Portowa 3. Nördlich der Burg.

Tipp Das flache Werdergebiet ist für **Radausflüge** ideal. Zu den schönsten Routen gehören der Weg von Malbork über Kościeleczki, Nowy Staw und Lubieszewo nach Nowa Kościelnica und die Strecke Malbork–Biała Gora (über Cisy, Piekło) zu den Nogatschleusen. Radelt man von Lubieszewo weiter über Nowy Dwór Gdanski, Marzęcino, Wlk. Kępiny, Kępki nach Jazowa (zweimal die Fähre nutzend), erschließt sich die zauberhafte Landschaft des Werders.

Die weltberühmte Marienburg

Pelplin ㉓

Zurück auf dem Weg nach Danzig ist Architekturliebhabern ein Abstecher nach Pelplin (Pelplin), 171 km, zu empfehlen. Die Kirche des berühmten ****Zisterzienserklosters** (14. Jh.) gilt als kunsthistorisches Juwel. 84 m lang ist die Basilika, deren Fassade von achteckigen Treppentürmen flankiert wird. Besonders schön ist das Nordportal mit figürlicher Dekoration aus Stuck. Der thronende Gottessohn wird von den Passionsinstrumenten umgeben. Innen spannt sich ein kunstvolles Sterngewölbe. Von der mittelalterlichen Ausstattung ist nur das Chorgestühl erhalten, die übrigen Stücke sind barock.

Das *Diözesanmuseum (Muzeum Diecezjalne) hütet wertvolle Schätze: neben mittelalterlichen Drucken – u. a. einer Gutenberg-Bibel – auch gotische Skulpturen, darunter seltene Schreinmadonnen, eine Sonderform der Andachtsbilder. Die Figur der thronenden Gottesmutter lässt sich in voller Länge öffnen, so dass die darin verborgenen Darstellungen, meist Passionsszenen, zu sehen sind. (Di–Sa 11–16, So 10–17 Uhr.)

Tczew ㉔

Der Weg zurück nach Danzig führt über Tczew (Dirschau; 60 000 Einw.). Eine Meisterleistung ist die berühmte ***Weichselbrücke** (Mitte des 19. Jhs.), die heute noch von Fußgängern und Radfahrern benutzt wird.

4
Seite 82

Tour 5

Das Ermland

Elbląg (Elbing) → Frombork (Frauenburg) → Lidzbark Warmiński (Heilsberg) → Olsztyn (Allenstein) (245 km)

Nicht nur denjenigen, die schweren Herzens an die verlorene Heimat denken, ist Ostpreußen ein Begriff. Er bezeichnet die Region, die einst am Rande Deutschlands lag, heute von anderen Grenzen durchzogen ist und von anderen Völkern bewohnt wird. Den Auftakt der Route bildet der Oberländische Kanal – ein einzigartiges technisches Meisterwerk. Weiter geht es ins Ermland, in die einst katholische Enklave im ansonsten protestantischen Ostpreußen: Golden erstrahlt der Prunk barocker Kirchenräume, wo wundertätige Bilder auch heute noch Ziel zahlreicher Wallfahrer sind. Die architektonischen Höhepunkte der Region sind der Frauenburger Dom in Frombork und die Bischofsburg in Lidzbark Warmiński (Heilsberg). Drei Tage sind angesichts der vielen Sehenswürdigkeiten der Gegend das absolute Minimum für diese Tour.

5

Seite 82

Elbląg ㉕

Das bedeutende Industrie- und Verwaltungszentrum ist eine knappe Autostunde von Danzig entfernt (128 000 Einw., 59 km). Ganz in der Nähe soll die sagenumwobene prußische Stadt Truso gelegen haben, in der der hl. Adalbert (Wojciech) im Jahre 997 den Märtyrertod erlitt. Seiner Vita verdankt man die ersten Berichte über das untergegangene Volk der Prußen. Später kamen die Deutschordensritter und verliehen dem kleinen Ort, in dem sich bereits viele Lübecker Kaufleute niedergelassen hatten, 1246 das Stadtrecht.

Später empfanden die Elbinger den Orden als bedrohlichen Wirtschaftskonkurrenten, erkannten die polnische Herrschaft an und stürmten 1454 die Deutschordensburg. 1772 wurde Elbing preußisch. 1945 lag die einst hübsche Altstadt in Trümmern; seit Anfang der 1980er Jahre lässt man sie liebevoll wieder neu erstehen.

*Nikolaikirche

Den Mittelpunkt der Altstadt markiert die 1965 wieder aufgebaute Nikolaikirche (kościół św. Mikołaja), eine siebenjochige, rechteckige Hallenkirche mit einem 95 m hohen Turm. Im Innern sind einige spätgotische Altäre gesammelt, die aus anderen zerstörten Elbinger Kirchen stammen, sowie das skulptural ausgestaltete ***Taufbecken** von Meister Bernhuser (14. Jh.; Lichtschalter an der Wand).

Tipp Die nördlich gelegene **Marienkirche** wird als Ausstellungsraum für moderne Kunst genutzt.

Kanalfahrt

Elblings Hauptattraktion ist eine Fahrt auf dem ****Oberländischen Kanal** (Kanał Ostródzko-Elbląski) nach Ostróda (im Sommer ab Elbląg tgl. 8 Uhr, Gesamtstrecke 11 Std., bevorzugte Teilstrecke bis Buczyniec, 4,5 Std.; Kartenvorbestellung im Hotel Elzam, s. S. 79, oder auf dem Campingplatz, ul. Panieńska 14, Tel./Fax 055/ 2 32 43 07). Einmalig sind die fünf geneigten Ebenen, auf denen das unterschiedliche Niveau der Seen – auf 10 km ist ein Niveauunterschied von 99 m zu bewältigen – überwunden

Schiff über Land (Oberländischer Kanal)

wird. Die Schiffe werden auf Schienen und einer Art Schlitten per Wasserkraft über die Hügel gezogen. Die technische Meisterleistung aus der Mitte des 19. Jhs. ist auch heute noch eine Sensation.

Wer diesen Schiffsausflug nicht unternehmen will, sollte sich zumindest eine der geneigten Ebene, z. B. die von Buczyniec (Pochylnia Buczyniec) in der Nähe des Dorfes Drulity, ansehen (ab Hauptstraße Danzig–Warschau gut zu erreichen, 5 km westl. von Morzewo, zwischen Pasłęk und Małdyty).

i Ul. Czerwonego Krzyża, Tel. 0 55/2 32 42 34 oder 2 33 32 22, Fax 2 32 42 34.

Tour nach Königsberg

Das Reisebüro »Watur« (ul. Garbary 7, Tel./Fax 6 41 26 12) organisiert in der Saison Ausflüge nach Kaliningrad (Königsberg). Mit einem Tragflügelboot startet man um 8 Uhr morgens und ist bereits gegen 17 Uhr wieder zurück, Zeit genug, um einen ersten Eindruck von der ehemaligen Hauptstadt Ostpreußens zu bekommen; wegen der Visa Anmeldung zwei Tage im Voraus nötig.

Das Ermland

Elzam, pl. Słowiański 2, Tel. 0 55/2 34 81 11, Fax 2 32 40 83, www.polhotels.com/Elblag/Elzam. Hotel und Restaurant sind die besten der Stadt. ○○○

5

Seite 82

Reise ins Ermland

Nun geht es am Frischen Haff entlang Richtung Frombork. Legen Sie auf dem Parkplatz kurz hinter dem Dorf Suchacz eine Pause ein und genießen Sie den Ausblick auf das Haff. Die schöne Gegend mit vielen Ausflugsmöglichkeiten verlockt zum längeren Aufenthalt. Eine stilvolle Unterkunft bietet das nahe **Kadyny** (Kadinen) ㉖, 81 km: die ehemalige Residenz Kaiser Wilhelms II., zum Hotel umgebaut.

Kadyny Palace, Tel. 0 55/2 31 61 20, Fax 2 31 62 00, www.polhotels.com/Elblag/Kadyny. Angeschlossenes Gestüt (170 Pferde), Reitmöglichkeit. ○○○

Kurz vor Frauenburg beginnt die Region Warmia: Das **Ermland** war eines der vier Bistümer, dessen Grenzen 1243 innerhalb des Deutschordens-

Der Dom von Frauenburg (Frombork)

Den gesamten Hügel, auf dem der Frauenburger Dom thront, umgibt eine Wehranlage

staates gezogen wurden. 1466 wurde es als autonomes Gebiet in das Königreich Polen aufgenommen und blieb im Gegensatz zu den übrigen ostpreußischen Regionen stets katholisch.

Die Bischöfe, die hier die eigentlichen Landesherren waren, residierten zunächst in Braniewo (Braunsberg), ab 1350 dann in Lidzbark Warmiński (Heilsberg). Das Domkapitel, d. h. die an der Macht beteiligten Domherren, hatte seinen Sitz in Frombork (Frauenburg) und in Dobre Miasto (Guttstadt).

5 Seite 82

Frombork ㉗

Von einem befestigten Hügel grüßt der **Dom** des Städtchens Frauenburg (3000 Einw.), 100 km. Hier verbrachte der Astronom Nikolaus Kopernikus (1473–1543, s. S. 53) seine letzten Jahre als Domkanoniker. Und hier, vermutlich in einem Haus außerhalb der Wehranlage, beobachtete und erforschte er den Sternenhimmel. 1735 errichtete man Kopernikus beim Nordostpfeiler des Doms ein Epitaph mit seinem Porträt; wo er tatsächlich begraben liegt, ist nicht bekannt.

Der beeindruckende Backsteinbau aus dem 14. Jh. gleicht keiner anderen Backsteinkirche der Gegend. Einmalig ist seine gotische Westfassade: ein Dreiecksgiebel mit aufgesetzter Arkadengalerie, flankiert von zwei schlanken Türmchen. Das Innere bestimmt dagegen der Barock: Außer dem *Triptychon (Nordwand; 1504), dessen Seitenflügel nach Vorlagen Dürers und Schongauers bemalt sind, wurden alle anderen Altäre ab 1626 errichtet, nachdem die schwedische Soldateska unter Gustav Adolf den Dom geplündert hatte.

Ein Blickfang ist die klangvolle, kostbare Orgel (1683/84), ein Werk des Danzigers Daniel Nitrowski. Die Hauptorgel wird durch eine kleinere im Chorraum ergänzt, so dass die Musik von mehreren Seiten ertönt (tgl. 9.30–17 Uhr; in der Saison häufig Vorführungen; abends ab und zu Konzerte, Programm an der Museumskasse im Torgebäude des Dombezirks).

Den gesamten Domhügel umgibt eine ***Wehranlage.** In der Südwestecke erhebt sich der Radziejowski-Turm (Wieża Radziejowskiego), eigentlich ein barocker Glockenturm, der über einer Bastei (heute Planetarium) errichtet wurde. Von hier hat man einen einmaligen Blick auf die Stadt, das Haff und die Nehrung.

Restauracja PTTK, ul. Krasickiego 2. Das einfache Lokal unweit des Doms serviert eine kleine Auswahl an guten Gerichten zu unglaublich niedrigen Preisen. ❍

Lidzbark Warmiński ㉘

Im Städtchen Heilsberg im Ermland (13 000 Einw.), 177 km, residierten von 1350 bis 1772 die Bischöfe des Ermlands. Auch hier stößt man auf die Spuren von Kopernikus: Er betrieb in Lidzbark Warmiński von 1503 bis 1510 seine astronomischen Studien, während er als Sekretär und Hofarzt seines Onkels, des Bischofs Lukas von Watzenrode, beschäftigt war. Der letzte Bischof des autonomen Ermlands, Ignacy Krasicki, war einer der bedeutendsten polnischen Aufklärer und einer der leidenschaftlichsten Kritiker der Missstände innerhalb der Kirche. Er stand in regem Briefwechsel mit Friedrich dem Großen, der allerdings 1772 im Ermland einmarschierte und seiner Herrschaft ein Ende machte.

Die Hauptsehenswürdigkeit von Heilsberg ist die **Bischofsburg** (1350–1401), neben der Marienburg (s. S. 72 ff.) die besterhaltene Wehranlage im ehemaligen Deutschordensstaat. Es sind sogar größere Teile original als in der Marienburg, die im 19. Jh. erheblich umgestaltet wurde. Aus dem 14. Jh. stammen noch der hervorragend erhaltene Arkadengang um den Hof, die Innenräume mit ihren Gewölben und der Bemalung.

Den Gast verdutzt ein Detail in der ehemaligen *Burgkapelle: Von den Schnittpunkten der gotischen Rippen lächeln barocke Putten den Besucher an – ein Ergebnis des Umbaus im 18. Jh. Der Große Remter ist mit gotischen Fresken ausgemalt, nur der Fries mit den Wappen der Bischöfe kam später hinzu und wird jeweils um das Bild des jeweiligen Amtsinhabers ergänzt. Das *Museum zeigt mittelalterliche Skulpturen, Beispiele moderner polnischer Malerei und einige Ikonen der Altgläubigen aus Wojnowo (s. S. 94). (Di–So 9 bis 16 Uhr.)

Bürgerhäuser in Allenstein (Olsztyn)

Hotel Pod Kłobukiem, ul. Olsztyńska 4, Tel. 0 89/ 7 67 25 21. Akzeptabel, 2 km südlich an der Straße nach Allenstein. ❍❍

Herberge im Hohen Tor (schronisko PTTK) ul. Wysokiej Bramy 2, Tel. 0 89/ 7 67 25 21. Schlicht, aber gotisch! ❍

Olsztyn ㉙

Das Industrie- und Kulturzentrum Allenstein (167 000 Einw.), 245 km, ist neben Białystok die größte Stadt im Nordosten Polens. Der Tourismus, die jüngst verstärkten Wirtschaftskontakte mit dem Kaliningrader Gebiet sowie die Gründung einer Universität im Jahr 1999 bringen Leben in die Stadt. Die endlosen Betonblöcke der Trabantenstädte, der Schlafstädte der Allensteiner, wirken wenig einladend. Die Altstadt jedoch ist hübsch und voller Atmosphäre. Und nicht zuletzt ist es die an Seen reiche, reizvolle Umgebung, die Allenstein zu einer von Urlaubern viel besuchten Stadt macht.

Ereignisreiche Geschichte

Die Stadtgeschichte entbehrt nicht der Dramatik. Der Deutsche Orden gründete 1353 die Stadt, später hatten die ermländischen Domherren das Sagen. Es folgten Deutsche und Polen. Das südliche Ermland hatte – ähn-

5
Seite 82

lich wie Masuren – in der Neuzeit eine polnisch-deutsche Mischbevölkerung. Die mehrheitlich dem polnischen Adel entstammenden Bischöfe des Ermlands holten vom 16. bis 18. Jh. polnische Siedler ins Land, die den Großteil der Dorfbevölkerung ausmachten, während die Städte weitgehend deutsch blieben. Die im Versailler Vertrag beschlossene Volksabstimmung über die politische Zukunft des Landes wurde 1920 durchgeführt: Nur 2 % der Bevölkerung Allensteins und 13 % der Umgebung votierten für den Anschluss an Polen – Ermland blieb bis 1945 ein Teil Deutschlands.

Allenstein war damals Garnisonsstadt. Die Nationalsozialisten terrorisierten die polnische Minderheit; nach dem Einmarsch der Roten Armee 1945 wurde die Stadt weitgehend zerstört, die Bevölkerung war bereits geflohen oder wurde vertrieben. Der russische Schriftsteller Lev Kopelev – damals Mitglied der Roten Armee – schilderte anschaulich den Tod der Stadt. Der Vorwurf des Vaterlandsverrats und Gefängnishaft waren für ihn die bittere Folge seiner Veröffentlichung. Die Vertreibung der Deutschen und die Ansiedlung der ihrerseits weitgehend aus Litauen vertriebenen Polen machten aus Allenstein Olsztyn.

Die Altstadt

Die weitgehend autofreie Altstadt liegt südlich vom modernen Stadtzentrum, durch den Überrest der Stadtbefestigung, das **Hohe Tor** (Wysoka Brama), von ihm getrennt. Die zweigeschossigen Häuser bekamen nach dem Krieg neue, schlichte Fassaden. Hier sind Bars, Restaurants und Geschäfte eingezogen, die die Altstadt allmählich in eine richtige Flaniermeile verwandeln, wo man auch sonntags gern spazieren geht und sich mit Freunden trifft.

5
Seite 82

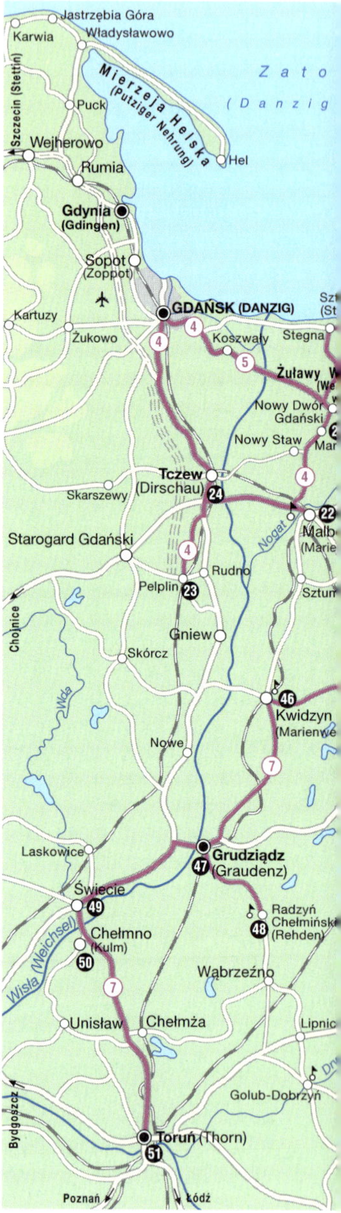

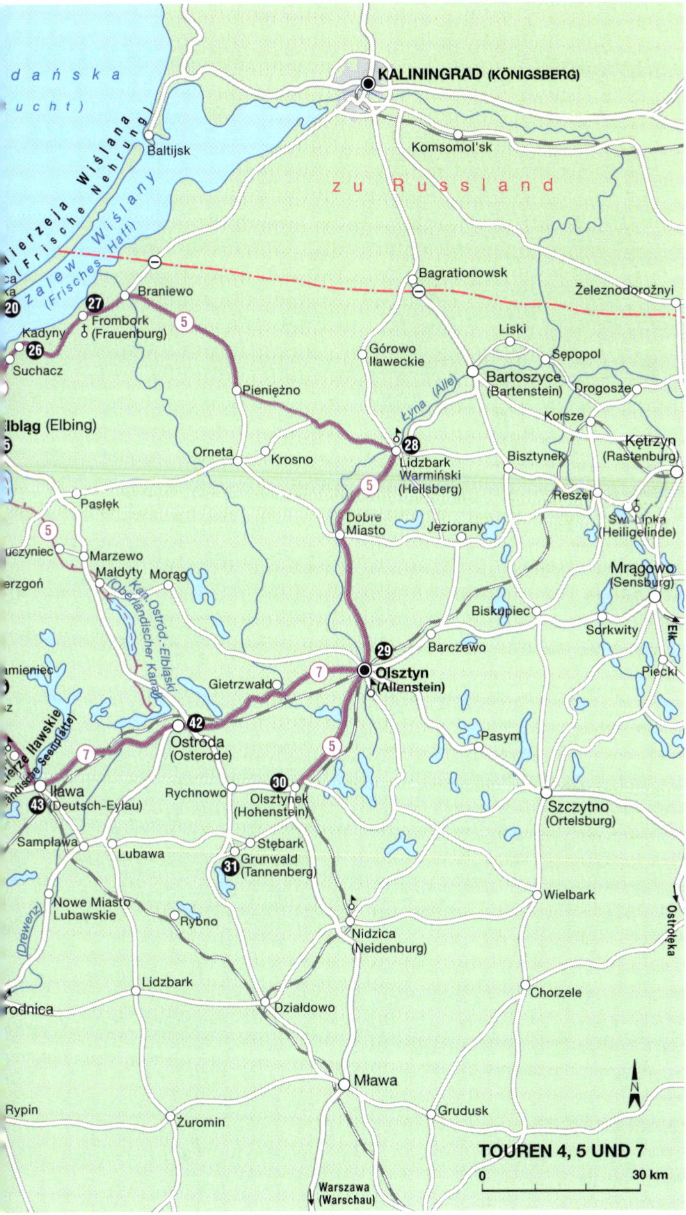
KALININGRAD (KÖNIGSBERG)
Komsomol'sk
zu Russland
Baltijsk
Bagrationowsk
Železnodorožnyi
Braniewo
Frombork (Frauenburg)
Kadyny
Suchacz
Liski
Sępopol
Górowo Iławeckie
Bartoszyce (Bartenstein)
Drogosze
Pieniężno
Łyna (Alle)
Korsze
Elbląg (Elbing)
Orneta
Krosno
Lidzbark Warmiński (Heilsberg)
Kętrzyn (Rastenburg)
Bisztynek
Pasłęk
Reszel
Św. Lipka (Heiligelinde)
Dobre Miasto
Jeziorany
Marzewo
Małdyty
Morąg
Kan. Ostród.-Elbląski (Oberländischer Kanal)
Mrągowo (Sensburg)
Biskupiec
Sorkwity
Barczewo
Ełk
Piecki
Gietrzwałd
Olsztyn (Allenstein)
Ostróda (Osterode)
Pasym
Iława
(Deutsch-Eylau)
Rychnowo
Olsztynek (Hohenstein)
Szczytno (Ortelsburg)
Samplawa
Lubawa
Stębark
Grunwald (Tannenberg)
Wielbark
Nowe Miasto Lubawskie
Rybno
Drewenz
Ostrołęka
Nidzica (Neidenburg)
Lidzbark
Chorzele
Działdowo
Mława
Rypin
Żuromin
Grudusk
TOUREN 4, 5 UND 7
0
30 km
N
Warszawa (Warschau)

5

Hohes Tor in Allenstein (Olsztyn)

Im Freilichtmuseum von Hohenstein (Olsztynek)

5

Seite 82

Der markante Turm mit Gesimsbändern aus glasierten Backsteinen in der Nähe des Marktes gehört zur ***Jakobikirche.** Die inzwischen zur Kathedrale (katedra św. Jakuba) erhobene einstige Pfarrkirche besitzt ein herrliches Netzgewölbe und zwei wertvolle spätgotische Altäre.

Am anderen Ende der Altstadt, auf der ehemaligen Flussinsel der Łyna (Alle) im Nordwesten, erhebt sich die ***Burg** (zamek) des Domkapitels aus dem 14. Jh. Heute beherbergt sie das **Museum vom Ermland und Masuren** (Muzeum Warmii i Mazur, Di–So 9–17, im Winter bis 16 Uhr). Stolz zeigt man Schriftzeichen und Zahlen an einer der Wände: Man vermutet, dass dies astronomische Berechnungen des Kopernikus sind, der eine Zeit lang in Olsztyn lebte.

Im Hof wurden »Baben«, prußische Steinfiguren, aufgestellt – eines der wenigen Zeugnisse dieses geheimnisumwitterten Volkes.

i **»it«,** ul. Staromiejska 1, Tel. 0 89/5 35 35 66, 5 35 35 65.

Gromada Kormoran, pl. Konstytucji 3 Maja 4, Tel. 5 34 58 64, Fax 5 34 63 30, www.polhotels.com/Olsztyn/Gromada. Laute Umgebung (Bahnhof), guter Standard. ❍❍❍

▮ **Novotel,** ul. Sielska 4 a, Tel. 5 27 40 81, Fax 5 27 60 77, www.novotel.com. Gemütlichstes Hotel der Stadt, ideal am See gelegen. ❍❍❍

▮ **Park,** ul. Warszawska 119, Tel. 5 23 66 04, Fax 5 27 60 77, www.polhotels.com/Olsztyn/HPPark. Erstes Hau am Platz. ❍❍❍

Hotel der Parteikader

Es war einst das streng geheime und von der Außenwelt abgeschirmte Erholungshaus der Partei. Was blieb, ist die abgeschiedene Lage inmitten traumhafter Natur: ***Ośrodek Wypoczynkowy Łańsk Kormoran/Cyranka,** 11034 Stawiguda 14, Tel. 0 89/ 5 12 13 00, Fax 5 27 44 33, E-Mail: biuro@lansk.pl, 20 km nördlich von Allenstein, Anfahrt von der Straße Olsztyn–Warszawa, hinter Dorotowo links abbiegen und 11 km der Straße folgen. Da sich dort weiterhin die Minister erholen, gilt nur eine schriftliche Reservierung mit der Kopie der ersten Seite des Passes.

Yu Grill Boro, ul. Nowowiejskiego 11, Tel. 5 23 53 01. Serbisches Restaurant mit hervorragenden Fleischgerichten. ❍❍

Olsztynek ㉚ und Umgebung

25 km südlich der Stadt liegt Olsztynek (Hohenstein; 6 500 Einw.). Nicht das verschlafene Städtchen selbst, sondern ein riesiges ***Freilichtmuseum** (Muzeum Budownictwa Ludowego bzw. Skansen; westlich der Hauptstraße Warszawa–Olsztyn) lockt die Besucher. Hier können Sie auf einem Spaziergang durch eine schöne Landschaft originalgetreu aufgebaute Bauernhäuser aus Masuren, dem Ermland und dem Oberland kennen lernen. Die Häuser sind teils mit volkskundlichen Exponaten ausgestattet. Neben Wasser- und Windmühlen ist die Kopie einer Kirche von Rychnowo (Reichenau) hervorzuheben, in der u. a. eine wunderbar naive Darstellung von Adam und Eva die Decke ziert.

Die Umgebung ist geschichtsträchtig: 1914 schlug hier der spätere Marschall Hindenburg die russische Narew-Armee. Das große Denkmal für die sog. zweite Schlacht von Tannenberg (s. S. 74) mit dem Grabmal Hindenburgs wurde beim Abzug der deutschen Truppen 1945 gesprengt (kärgliche Reste sind auf einem Hügel beim Hotel **Zajazd Mazurski,** westlich der Stadt, zu sehen; Mittagessen im Hotel empfehlenswert, ❍❍).

Die Polen halten freilich eher die Erinnerung an die erste Tannenberg-Schlacht in **Grunwald** ㉛ (20 km westlich von Olsztynek) von 1410 wach, in der Polen und Litauer die Deutschordensritter vernichtend schlugen. Ein riesiges Denkmal und ein Museum sind das Ziel zahlreicher patriotisch gesinnter polnischer Reisegruppen.

Tour 6

Vorindustrielles Masuren

Mrągowo (Sensburg) → **Święta Lipka (Heiligenlinde) → Giżycko (Lötzen) → *Mikołajki (Nikolaiken)

Eine endlose Weite hügeliger Felder, sanft durchschnitten von uralten Eichenalleen, darin eingebettet kleine Dörfer, rote Backsteinhäuschen mit dem obligatorischen Storchennest auf dem Dach und aufgeregt schnatternde weiße Gänse: eine Landschaft wie aus dem Bilderbuch. Auf dem typischen Panje-Wagen thront wie eh und je ein masurischer Bauer, auch wenn es den Volksstamm der Masuren so gut wie nicht mehr gibt. Einst stattliche, heute verfallene Gutshäuser erzählen von herrschaftlichen Zeiten, die schon lange vergangen sind. Vor allem aber sind es die Seen, die den Reiz Masurens ausmachen – 2000, vielleicht sogar 3000 – keiner hat sie genau gezählt. Am größten, dem jezioro Śniardwy alias Spirding-See, kann man kaum von einem Ufer zum anderen schauen. Andere Seen sind dagegen so klein, dass sie aus der Ferne aussehen wie Perlen, die jemand in eine grüne Wiese geworfen hat.

Masurens Ruf als einmaliges Naturparadies lockt immer mehr Touristen hierher. Die Zahl an Hotels und Zeltplätzen, von Segelbooten und Kanus wächst entsprechend. Menschenleere Seen, einsame Wälder und Dörfer ohne Touristen muss man inzwischen suchen – doch es gibt sie durchaus noch. Quartieren Sie sich am besten

6
Seite 87

In Masuren gibt es noch viele Weiler und kleine Dörfer, ...

... in denen das schnatternde Federvieh freien Auslauf hat

irgendwo ein und erforschen dann von diesem Standort aus Masuren. In kleinen Orten können Sie Privatzimmer oder ganze Häuser mieten, was den Bewohnern ein wichtiges Nebeneinkommen verschafft.

Touristenzentren

Die drei großen Zentren Masurens – Mrągowo (Sensburg), Giżycko (Lötzen) und Mikołajki (Nikolaiken) – sind zwar nicht so ruhig und beschaulich wie die Dörfer und Weiler, bieten aber eine größere Hotelauswahl sowie ein breites Angebot an Wassersportarten (Wasserski, Bootsverleih, Surfbretter etc.) und Restaurants.

Jedes der drei Städtchen ist als Standort für die im folgenden beschriebenen Ausflüge in die Umgebung gleichermaßen geeignet. Alle Ziele lassen sich in einem oder einem halben Tag erschließen. Doch der Zauber Masurens liegt im Verborgenen; er wird spürbar in den Wäldern, »in denen der liebe Gott spazieren geht, und seine Fußspuren leuchten« (Ernst Wiechert), an den einsamen Seen und in den »zärtlichen Dörfchen, zwischen Torfmooren und sandiger Öde«, die gestern wie heute im »Rücken der Geschichte« liegen (Siegfried Lenz).

6

Seite 87

Mrągowo ㉜

Am Westrand der **Großen Masurischen Seenplatte** liegt Sensburg (22 000 Einw.) am Schoß-See (jezioro Czos), ein idealer Ausgangsort für alle folgenden Ausflüge, ob per Auto, Fahrrad oder Boot. Die Stadt blieb als eine von wenigen 1945 verschont und präsentiert sich heute als hübscher Urlaubsort. Der Markt und die Straßen aus dem 19. Jh. laden zu einem Stadtbummel ein. Das komfortable Hotel Mrongovia ist ein weiterer Grund für einen Aufenthalt in Mrągowo. In skandinavischer Bauweise errichtet, ist es neben dem Gołębiewski in Mikołajki die beste Adresse der Region.

Mrongovia, ul. Giżycka 6, Tel. 0 89/7 41 32 21, Fax 7 41 32 20, www.orbis.pl/hot_mro.html. Trotz der Größe (215 Zi., 10 Bungalows mit Küche, Bad, Sauna) herrscht familiäre Atmosphäre; See in unmittelbarer Nähe, Pool, Sauna, Tennisplätze, Fahrradverleih, Reitpferde. ○○○

Camping: Jaszczurcza Góra 3, Tel. 0 89/ 7 41 25 33. Bungalows, jeglicher Service und eine Badestelle.

Im **Restaurant** des **Mrongovia** gibt es köstliches Spanferkel mit einer Füllung aus Buchweizengrütze (am Vortag bestellen). ○○○

Tipp Alljährlich am letzten Wochenende im Juli findet im Amphitheater am See ein **Country-Festival** mit internationalen Stars statt.

Wallfahrtskirche Święta Lipka

Ausflug nach **Święta Lipka ㉝

22 km nördlich von Mrągowo (Straße in Richtung Kętrzyn, nach 8 km links abbiegen) liegt die Wallfahrtskirche Heiligelinde. Der Legende zufolge erschien im Mittelalter einem zum Tode Verurteilten die Muttergottes und befahl ihm, ihr Ebenbild zu schnitzen. Man führte die Skulptur dem Richter vor, woraufhin dieser den Gefangenen freiließ. Auf dem Heimweg hängte der Glückliche die Skulptur an einen Lindenbaum, der Wunderkräfte entfaltete und zum Wallfahrtsort wurde. Die polnischen Könige trieben den Bau von Kapellen und Kirchen voran, um die Protestanten für den Katholizismus zurückzugewinnen.

Der Bau, den man heute in Święta Lipka sieht, ist bereits die dritte Kirche an dieser Stelle (1687–1693). Die üppige, südländisch anmutende Barockarchitektur scheint nicht so recht in diese Gegend zu passen. Eine Erklärung für die gewählte Form bietet u. a. die Herkunft des Architekten: Georg Ertly war gebürtiger Tiroler und

6
Seite 87

hauptsächlich in Wilna (Vilnius) tätig. Die gelbe Fassade ist mit Säulen und Skulpturen plastisch gegliedert und zeigt eine Darstellung der Muttergottes am Lindenbaum.

Zum barocken Spektakel des Innenraumes gehören die illusionistischen Fresken (1722–1727) von Matthias Johann Meyer aus Heilsberg mit vorgetäuschten Marmorsäulen und einer gemalten Kuppel sowie v. a. die Orgel. Das Instrument ist nicht nur für das Ohr ein Erlebnis, sondern auch für das Auge. Schauen Sie beim vierten Stück der Vorführung, der Ogiński-Polonaise, genau hin: Die Orgelpfeifen tragen Figuren, die plötzlich in Bewegung geraten – Maria neigt ihren Kopf, Engel blasen die Trompeten, Sternchen drehen sich herum... (Vorführungen tgl. jede Stunde 9.30–17.30 Uhr, Pause 12.30–13.30 Uhr.)

Giżycko ㉞

6 Seite 87

Der zweite größere Ort Masurens, Giżycko (Lötzen; 30 000 Einw.) ist ähnlich wie das 45 km nordöstlich gelegene Mrągowo mit Hotels, Campingplätzen und Restaurants ein wichtiges Touristenzentrum und hat den Vorteil, dass man von hier aus von einem See zum anderen fahren kann, ohne über Land zu müssen. Auf einer Landenge zwischen Taita- (jez. Tajty), Kissain- (jez. Kisajno) und Löwentin-See (jez. Niegocin) gelegen, ist Giżycko für Segler aus Węgorzewo (Angerburg), Mikołajki (Nikolaiken) oder Pisz (Johannisburg) leicht zu erreichen. Im **Jachthafen** werden Segeltouren angeboten, auf dem Campingplatz »Zamek« gibt es einen Paddelbootverleih. Die Schiffe der Weißen Flotte (Biała Flota) verbinden Lötzen mehrmals täglich mit den oben genannten Städten (Karten in einem Häuschen am Hafen).

An kriegerische Zeiten erinnert die **Festung Boyen** (twierdza Boyen, westlich der Stadt, 1844–1848), die in der deutsch-russischen Schlacht von 1914 an den Masurischen Seen eine Schlüsselrolle spielte. U. a. für eine Champignonzucht genutzt, erfreut sich das sternförmige Bollwerk heute friedlicher Zeiten.

Sehenswert ist auch die **Pfarrkirche,** die 1827 nach einem Einheitsentwurf Schinkels für Dorfkirchen ent-

Meister Adebar

Sie stolzieren auf den Feldern umher, klappern auf den Dächern mit den Schnäbeln und kreisen am meist blauen Sommerhimmel. Ihre Nester bekrönen Häuser, Strommasten und Baumwipfel. Die Rede ist von den Weiß- oder Hausstörchen (Ciconia ciconia) aus der Ordnung der Stelzvögel. Der große Flieger hat in Europa einen kleineren, scheuen Verwandten, den Schwarz- oder Waldstorch (Ciconia nigra), der nur in Wäldern – auch den masurischen – zu finden ist. Der Weißstorch dagegen liebt das freie Gelände, v. a. nasse Wiesen, wo er seiner Lieblingsbeschäftigung nachgehen kann: der Nahrungsaufnahme. Er lässt sich Frösche, Spitz- und Feldmäuse, Heuschrecken, Raupen und sogar Maulwürfe schmecken. Unlängst wurde errechnet, dass Meister Adebar durch diese natürliche Art der Ungeziefervernichtung dem polnischen Staat jährlich Getreide im Wert von 40 Mio. US-Dollar rettet!

Von europaweit insgesamt 100 000 Störchen leben 30 000 in Polen,

stand (im Sommer finden häufig Orgelkonzerte statt, siehe Ankündigungen vor Ort).

ul. Warszawska 7, Tel. 0 87/4 28 52 65.

Wodnik, ul. 3 Maja 2, Tel. 0 87/ 4 28 38 71, Fax 4 28 39 58, www.polhotels.com/Suwalki/Wodnik. Neubau in zentraler Lage; das Restaurant genießt einen guten Ruf. ○○

Storchenparadies Masuren

davon rund ein Viertel in Masuren. Nahe der russischen Grenze sind die Tiere fester Bestandteil des Landschaftsbildes; in einem Dorf namens Lwowiec zählte man allein auf der Kirche acht Storchennester. Jeder Hobbyfotograf ist von dem Anblick entzückt: rot-weiße Störche auf schmucken Bauernhäusern vor blauem Himmel.

Das Leben eines Storchs verläuft aber keineswegs so unbekümmert, wie es jetzt erscheinen mag. Von dem Moment an, in dem der Storch aus dem Ei schlüpft, beginnt der Kampf ums Überleben. Die vermeintliche Friedfertigkeit der Tiere ist bloße Legende: Schon die Küken kämpfen gegeneinander, der Schwächere bekommt von der Nahrung einfach nichts ab, bis die Eltern selbst den vollkommen entkräfteten Nachkömmling aus dem Nest werfen. Ein junger Storch muss schnell stark und belastbar werden, da ihn schon nach drei Monaten eine bis zu 10 000 km lange Reise erwartet. Über Istanbul und Kairo geht es oftmals bis nach Südafrika – täglich sind rund 300 km zurückzulegen. Mit etwa drei Jahren kehren die Störche nach Europa zurück. Sie vagabundieren zuerst in Junggesellenbanden über die Felder, bis sie schließlich die erste eigene Familie gründen. Übrigens sind Störche, die 26 bis 30 Jahre alt werden, nicht partner-, sondern nesttreu, d. h. welchen Storch oder welche Störchin auch immer sie in ihrem Nest vorfinden, akzeptieren sie als Partner.

Die Menschen mögen die Störche und schätzen sich glücklich, wenn Meister Adebar ihrem Haus die Ehre erweist und auf dem Dach sein Nest baut. Um den Vögeln diese Arbeit zu erleichtern, werden in vielen Orten Holzplatten auf den Dächern angebracht. Bereits in vorchristlicher Zeit glaubten die Europäer, dass Störche neben Babys auch Glück und Reichtum bringen. Letzteres scheint in Polen nicht ganz abwegig: Schließlich locken die Störche seit einiger Zeit zahlreiche Naturfreunde nach Masuren und haben damit den Wirten und allen am Tourismus Beteiligten zu bescheidenem Wohlstand verholfen.

6

Seite 87

▮ **Motel Zamek,** ul. Moniuszki 1, Tel. 0 87/4 28 24 19, Fax 4 28 39 58. Preiswerte, schlichte Alternative. ❍

Camping: Zamek, ul. Moniuszki 1. Restaurant und Angelmöglichkeit.

Hitlers Hauptquartier

Eine längere Tour bietet sich von Giżycko aus nach Westen an. Nach 30 km, kurz vor Kętrzyn (Rastenburg), biegt man rechts ab und erreicht nach 7 km die berüchtigte **Wolfsschanze** (Wilczy Szaniec) ㉟. Adolf Hitler ließ sich in dem gegen feindliche Luft- und Bodenangriffe geschützten Waldgebiet 1940 sein Hauptquartier errichten. Die Anlage umfasste mehrere Betonbunker, darunter die Nr. 13, Hitlers persönlichen Bunker. In dem höhlenartigen Ungetüm mit 5 m dicken Wänden lebte Hitler fast drei Jahre lang. Das ausgeklügelte Sicherungssystem konnte das Attentat vom 20. Juli 1944 nicht verhindern: Die von Claus Graf Schenk von Stauffenberg mitgebrachte Bombe zerstörte ein Gebäude, in dem gerade eine Lagebesprechung stattfand; Hitler wurde nur leicht verletzt. Ein kleines, zweisprachiges Denkmal in Form eines Buches erinnert an die Widerstandskämpfer.

6

Seite 87

Gestüt in Liski ㊱

Von der nahen Stadt **Kętrzyn** (Rastenburg) bietet es sich an, über Korsze (Korschen) und Sępopol (Schippenbeil; gotische Pfarrkirche) zu dem 2200 ha großen **Gestüt Liesken,** 47 km, zu fahren. In Trakehnen (heute als Jasnaja Poljana russisch) bei Gumbinnen werden seit 1732 englische und arabische Vollblüter gekreuzt. König Friedrich Wilhelm I. betrachtete sie als bestens für den Militärdienst geeignet. Nach dem Zweiten Weltkrieg bildeten die vier verbliebenen Trakehner-Stuten den Grundstock der neuen Zucht: 500 der kostbaren Rassetiere wurden schon an Gestüte im In- und Ausland verkauft (Besichtigung nach Voranmeldung; Tel. 0 89/7 62 32 22).

Polens zweitgrößter See

Ein Ausflug von Giżycko nach Norden (bis Pozezdrze und dann etwa 11 km nach Westen Richtung Sztynort/Steinort) ist ganz dem Naturerlebnis gewidmet. Die verschiedenen Seen des Gebiets werden zusammenfassend als **Mauersee** *(Mamry)* ㊲ bezeichnet, wodurch dieser zum zweitgrößten polnischen See wurde. Wenn Sie nicht über ein Wasserfahrzeug verfügen, empfiehlt sich die Aussicht von der Brücke, die den See an seiner engsten Stelle überspannt. Die herrliche Natur verzaubert jeden Besucher: Kormorane und Schreiadler sind hier keine Seltenheit.

Steht man vor dem heute verwahrlosten Schloss in Steinort, so will man die Zeit zurückdrehen und einen Blick in die ostpreußische Adelswelt werfen. Am besten lässt man deren Vertreter selbst zu Wort kommen, sei es Christian Graf von Krockow (**Begegnungen mit Ostpreußen,** dtv und DVA), Hans Graf von Lehndorff (**Menschen, Pferde, weites Land,** dtv) oder Marion Gräfin Dönhoff (**Namen die keiner mehr nennt,** dtv). Ralph Giordano untersucht in **Ostpreußen ade. Reise durch ein melancholisches Land** (dtv) die Frage, wie es zum Ende dieser Welt auf den Irrwegen des »deutschen Jahrhunderts« kommen konnte.

*Mikołajki ㊳

Das kleinste, aber wohl reizendste Zentrum Masurens ist Nikolaiken (4000 Einw.). Das alte masurische

Die masurischen Seen versprechen den Fischern einen reichen Fang

Städtchen der Fischer und Holzfäller entwickelte sich zu einem Treffpunkt für Wassersportler. Im Hafen wimmelt es im Sommer nur so von Segel-, Tret- und Paddelbooten sowie Kanus. Ausflugsschiffe legen hier unter anderem nach Ruciane-Nida ab (Tel. 0 87/ 4 21 61 02).

6

Seite 87

Gołębiewski, ul. Mrągowska 34, Tel. 0 87/4 21 65 17, 4 21 61 20, Fax 4 21 60 10, www.golebiewski.pl. Modernes Luxushotel, allerdings Massenabfertigung. Angeboten werden u. a. Hubschrauberflüge über die Seen, Tages- und Nachtausflüge. ○○○

▮ **Pensjonat Tałty,** ul. Tałty 19, Tel. 0 87/ 4 21 63 96. 18 Zimmer am Seehafen. ○

▮ Abseits der Touristenorte liegt das **Galindia-Mazurski Eden** (Iznota, 12210 Ukta, Tel. und Fax 0 87/ 4 21 66 28). Eine wunderschöne Umgebung samt einer gehörigen Portion Luxus (Wassersportgeräte, Tennisplatz etc.), aber v. a. die stilisierte Holzfigur nach der Art der alten Prußen von der Hand des Besitzers zeichnen dieses eigenwillige Hotel aus. ○○○

Camping: In Kosewo am See, 15 km westlich.

Król Sielaw, ul. Kajki 5, Tel. 4 21 63 23. Ausgezeichnete regionale Küche (Wild, Fisch). ○○

An den Seen

4 km östlich von Mikołajki liegt der ***Lucknainer See** (jezioro Łuknajno). In dem nicht zugänglichen Naturreservat nisten etwa 1300 Höckerschwäne – Europas größte Kolonie dieser Vogelart. Der Aussichtsturm südlich des Sees ist die einzige Möglichkeit, die Schwäne zu beobachten. Wenige Kilometer südlich Mikołajkis ist der jezioro Śniardwy erreicht, der **Spirding-See,** mit 114 km² größter polnischer See, auch Masurisches Meer genannt. An den Ufern beginnt der größte Waldkomplex Masurens, die **Johannisburger Heide** (Puszcza Piska).

Tipp Wörtlich aus dem großen Wald, der Johannisburger Heide, stammte der mystizistische Schriftsteller Ernst Wiechert (1887 bis 1950). Ein kleines **Museum** in der Försterei

Die untergangenen Völker Nordpolens

Das heutige Nordpolen war in den letzten einhundert Jahren immer das, was die jeweilige Staatsmacht aus dem Land machen wollte: rein deutsch oder rein polnisch. Zuvor lebte hier ein wirkliches Völkergemisch: Deutsche, Polen, Kaschuben, Masuren, slawische Pommern (Slowinzen) und noch früher baltische Prußen. Spuren dieser bunten Völkerschar sind heute noch östlich von Masuren, in der Suwałki-Region, zu finden; dort leben Litauer, Weißrussen und sogar Russen und Tataren.

Die eigentlichen Herren der Seenplatte waren die Prußen (auch Preußen oder Pruzzen genannt). Sie gliederten sich in mehrere Stämme, die sich alle in einer dem Litauischen verwandten Sprache verständigten. Als der Deutsche Orden die Kreuzzüge gegen die Prußen organisierte, leisteten diese erbitterten Widerstand, der aber Ende des 13. Jhs. erlahmte. Stark dezimiert, wurden sie in den folgenden zweihundert Jahren vollständig assimiliert. Wenig ist von ihnen überliefert. An das Volk der Prußen erinnern lediglich einige in Masuren vorkommende Namen, die weder deutsch noch polnisch klingen, z. B. Tros, Skop, Mołtajny, Krelikiejmy etc., sowie die geheimnisvollen Baben, grob gearbeitete Steinfiguren, die vermutlich eine Rolle in der Naturreligion der Prußen spielten.

Der Süden des Ordensstaates wurde spät (ab Ende des 14. Jhs.) und weitgehend mit Hilfe der Siedler aus Masowien, dem Gebiet um Warschau, besiedelt. Aus der Umwandlung dieses Namens entstand das Wort Masuren. Die Masuren sprachen einen eigenen Dialekt des Polnischen; schon wegen ihres protestantischen Glaubens fühlten sie sich im 19. und 20. Jh. Polen nicht zugehörig. Diese Tendenz wurde durch die Germanisierungspolitik weiter verstärkt: Die einzige zugelassene Sprache in den Schulen und später auch in den Kirchen war ab 1870 das Deutsche. Bereits 1920 bei der Volksabstimmung votierte nur eine verschwindend kleine Minderheit der Masuren für den Anschluss an Polen, auch wenn immerhin ein Fünftel der Gesamtbevölkerung des nordöstlichen Ostpreußen das Masurische als Muttersprache angegeben hatte.

Als das Land 1945 polnisch wurde, nahmen die neuen Machthaber irrtümlicherweise an, dass die etwa 80 000 Menschen in Masuren schnell zu ihren polnischen Wurzeln zurückfinden würden und ließen die so genannten Autochthonen deswegen nicht vertreiben. Dies war jedoch ein Trugschluss: Die Misswirtschaft des neuen Systems und die feindliche Einstellung der Neusiedler, die in den Einheimischen nur Deutsche sahen, führten dazu, dass die deutsche Identität der Masuren schnell zu ihrer einzigen wurde: Bis auf eine kleine Minderheit wanderten die Masuren innerhalb der letzten dreißig Jahre nach Deutschland aus.

6

Seite 87

Kleinort, wo er zur Welt kam, lässt seine Bücher mit anderen Augen lesen (Sosnówka bei Piecki, Mo–Fr 10–16, So 11–14 Uhr).

Die endlosen Kiefernwälder sind von Rehen und Hirschen bevölkert. Inmitten des Waldes liegt die »Perle Masurens«, der **Niedersee** (jezioro Nidzkie), für viele ein Geheimtipp, zumal in weiten Teilen Motorboote verboten sind. Der schönste Blick auf den See bietet sich am Ufer südlich der Ortschaft Wiartel, und man versteht, warum diese Region auch die »Große Wildnis« genannt wird. Der prußische Stamm der Galinden, der hier siedelte, wurde im 13. Jh. fast vollständig vom Deutschen Orden vernichtet.

Der einzige größere Ort, **Ruciane-Nida** ㊴ (Rudczanny; 5000 Einw.), 23 km südlich von Mikołajki, lebt von der Holzindustrie und vom Fremdenverkehr. Der Rest ist noch immer Natur pur, nur gelegentlich finden sich kleine Dörfer. Beispielsweise **Wojnowo** (Eckertsdorf) ㊵, wo die seit ihrer Abspaltung von der russischen Staatskirche (17. Jh.) verfolgten Altgläubigen im 19. Jh. Aufnahme fanden. Das malerisch am See gelegene Nonnenkloster, dessen Kirche mit Ikonen geschmückt ist, wirkt in dieser Gegend exotisch.

6

Seite 87

Im Dorf **Krutyń** (Kruttinnen) ㊶ hat man sich auf die vielen deutschen Reisegruppen eingestellt und offeriert gestickte Decken, frischen Honig und manch anderes Souvenir.

Tipp Junge Einheimische staken die Touristen in Booten entlang der zauberhaften ****Kruttinna** (Krutynia). Sie fließt durch den Wald, der sich stellenweise zu einem grünen Tunnel verdichtet. Die Stille ist fast vollkommen, nur gelegentlich hört man Frösche quaken oder Vögel zwitschern.

Tour 7

Seen und Burgen

Olsztyn (Allenstein) → Ostróda (Osterode) → Iława (Deutsch-Eylau) → Kwidzyn (Marienwerder) → Grudziądz (Graudenz) → **Chełmno (Kulm) → Toruń (Thorn) (295 km)

Natur- und Burgenfans kommen auf dieser Strecke voll auf ihre Kosten. Die wunderschönen Oberländischen Seen stehen ihren masurischen Schwestern in nichts nach. Sie sind zum Magneten für unzählige Segler, Kanufahrer, Schwimmer, Radfahrer und Wanderer geworden. An alte Zeiten erinnert Chełmno (Kulm), das bis heute wie ein verschlafenes preußisches Provinzstädtchen aussieht. Im umliegenden Kulmerland hat fast jeder Ort eine gotische Backsteinkirche, sehr viele auch eine Backsteinburg – kein Wunder, ist dies doch die Wiege des Deutschen Ordens in Preußen. Auch wenn diese Wehrbauten heute oftmals nur als Ruinen erhalten sind, laden sie zu spannenden Entdeckungstouren ein: Bergfriede, Flankierungstürme, Schießscharten und Fallgatternischen machten die Burgen uneinnehmbar. Rechnet man eine Badepause ein und will man sich ein wenig der Burgenromantik hingeben, sind zwei Tage zu veranschlagen.

Ostróda ㊷

Sehr hübsch am Drewenz-See liegt das Wassersportzentrum Osterode (35 000 Einw., 36 km). Am See kann man Kanus, Paddelboote, Tretboote und Segelboote mieten. Herrliche Ausflüge entlang dem Oberländischen Kanal (Kanał Ostródzko-Elbląski) nach Elbing (s. S. 78) bieten sich an. Die Stadt selbst besitzt an Sehenswürdigkeiten nur die stattliche Deutschordensburg. 1945 vollständig ausgebrannt, wurde sie in den letzten Jahren wieder aufgebaut und gibt Kunstausstellungen einen würdigen Rahmen.

Park, ul. 3 Maja 21, Tel. 0 89/64 22 27, Fax 64 38 49. Das beste Hotel am Ort, direkt am Wasser errichtet. ❍❍

Camping: ul. Krasickiego 21. Am See gelegen.

Morlinianka, ul. Jaracza 26a, Tel. 0 89/64 64 38. Die Spezialität des Restaurants sind hausgemachte Würste. ❍❍

Rund um die Oberländische Seenplatte

Auf der Weiterfahrt werden Sie bereits an vielen Seen vorbeikommen. **Iława** ㊸ (Deutsch-Eylau; 32 000 Einw.), 72 km, ist das touristische Zentrum der Oberländischen Seenplatte (Pojezierze Iławskie). Weite Wälder, Hügel und Seen charakterisieren diese Gegend.

Iława liegt am Südende des größten aller hiesigen Seen, am lang gezogenen **Geserich-See** (Jeziorak), der über Kanäle mit Ostróda verbunden ist. Wenn das Wetter es zulässt, strömen Jung und Alt von Campingplätzen und aus Urlaubsheimen herbei und drängen sich an Stränden und Wiesen, die den See umgeben. Ein Großteil wählt das mehr oder minder nasse Vergnügen: Segelboote und Schwimmer beherrschen das Bild.

Bei Deutsch-Eylau (Iława)

Hat man ein erfrischendes Bad genommen, kann man auf mittelalterliche Entdeckungsreise gehen. Die erste Burg erwartet Sie in **Szymbark** (Schönberg) ㊹, 81 km, nur wenige hundert Meter von der Straße entfernt – man beachte das Schild: »restoration of Szymbark castle«. Im Unterschied zu den meisten Befestigungsanlagen des Deutschen Ordens besaß diese Domkapitelburg aus dem 14. Jh. einen großen Hof (70 mal 90 m), den eine rechteckige Wehrmauer mit mehreren Türmen und nur ein ausgebauter Wohnflügel umgaben. 1945 erlitt sie starke Zerstörungen; die Restaurierung musste wegen finanzieller Engpässe vor einiger Zeit unterbrochen werden. Gelegentlich dient die Burg als Filmkulisse, so für Volker Schlöndorffs »Erlkönig«.

Die Idee, die ost- und westpreußischen Burgen und Schlösser für den Film zu nutzen, ist übrigens nicht neu: Bereits vor dem Zweiten Weltkrieg stolzierte Greta Garbo als Gräfin Walewska, gefolgt von ihrem Hollywood-Team, durch das nahe Schloss in **Kamieniec** ㊺ (Finckenstein; 6 km nördl. von Susz). Im Schloss der Fami-

7
Seite 82

lie Finckenstein hatte sich Napoleon mit seiner Geliebten, der Gräfin Walewska, im Winter 1807 einquartiert. 1945 vollständig ausgebrannt, verfällt das einst schönste Barockschloss der Region heute zusehends.

Kwidzyn ㊻

Anders als die 1945 zerstörte Stadt steht die ***Domkapitelburg** von Kwidzyn (Marienwerder; 39 000 Einw.), 138 km, am hohen Ufer des Weichsel-Urstromtals, heute noch in voller Größe. Die Anlage verbindet ein Kastell auf regelmäßigem Grundriss und eine monumentale Kirche, Dom des Bistums Pomensanien, eines der vier preußischen Bistümer. Von einem der Burgflügel geht ein monumentaler Arkadengang zu einem quadratischen Turm ab. Es handelt sich um den Dansker, den Abortturm, die vielleicht größte Toilette der Welt. Die gotischen Fresken im Inneren des Doms wurden im 19. Jh. leider sehr unsensibel restauriert. Eine Kuriosität ist die Zelle der heiligen Dorothea aus Montau (im Chorbereich), der späteren Patronin Preußens, die bis heute verehrt wird. Sie ließ sich hier Ende des 14. Jhs. für zwei Jahre als Eremitin einmauern; durch eine kleine Öffnung reichte man ihr die Nahrungsmittel. (Museum in der Burg Di–So 9–17 Uhr.)

Pensjonat Maxim, ul. Słowiańska 10, Tel. 0 55/2 79 63 18, Fax 2 79 49 65. Stilvolles und gemütliches Haus in der Stadtmitte. ❍

Napoleons große Liebe in Finckenstein

Man schreibt das Jahr 1807: Napoleon Bonaparte gewinnt eine Schlacht nach der anderen. Östlich der Weichsel erblickt er das Schloss der Finckenstein-Familie (s. S. 95 f.), spricht sein berühmtes »Enfin un château!« – und bleibt den Winter über. Schon bald gesellt sich die anmutige, weit jüngere Maria Walewska (1789–1817) hinzu. Napoleon hatte sie kurz zuvor auf einem Ball in Warschau kennen gelernt. Bald beginnt eine leidenschaftliche Liebesaffäre, woraufhin sich der Ehemann der Walewska scheiden lässt.

Es gibt Spekulationen, ob die Liebe auf den ersten Blick nicht vielmehr eine Verschwörung des polnischen Adels war, der auf diese Weise die Gunst des Kaisers gewinnen wollte und sich dadurch die Wiederherstellung des polnischen Staates erhoffte. Wie auch immer – der Erfolg war nur von kurzer Dauer, denn das so genannte Großherzogtum Warschau mit Krakau, Warschau und Posen überdauerte nur bis zum Wiener Kongress 1815. Sicher aber ist, dass Napoleon für die schöne Maria weit mehr empfand als für seine zahlreichen anderen Affären. Man sah sich später in Paris wieder, schrieb sich leidenschaftliche Briefe. Der Besuch der Polin auf Elba musste abgekürzt werden, weil sich Kaiserin Josephine eifersüchtig zeigte. Der gemeinsame Sohn der im Alter von 28 Jahren früh verstorbenen Maria und des französischen Kaisers wurde unter Napoleon III. Außenminister Frankreichs.

7
Seite 82

Die Domkapitelburg von Marienwerder

Sportowy, ul. Sportowa 6, Tel. 0 55/2 79 38 66. Schlicht, aber annehmbar, an der Straße nach Graudenz. ❍

Grudziądz ㊼

Graudenz (104 000 Einw.), 173 km, entwickelte sich bald nach seiner Gründung 1291 zu einer bedeutenden Handelsstadt an der Weichsel. Ende des 18. Jhs. wurde hier eine der wichtigsten preußischen Bastionen errichtet. Die unzugängliche Feste existiert als Kaserne bis heute, und wie bereits vor zweihundert Jahren prägen auch heute Soldaten das Bild der Stadt. Den Reisenden lockt Grudziądz mit einer gut erhaltenen **Altstadt,** malerisch am Weichsel-Ufer gelegen. Einmalig ist ein Ensemble von 26 ***Speicherhäusern** (14.–17. Jh.). Sind von der Stadtseite nur zwei Stockwerke zu sehen, erweisen sich die Speicher in der Sicht vom Ufer aus als sieben- bis achtstöckige Bauten.

Radzyń Chełmiński ㊽

Wer das Modell der Burg im Museum des Deutschen Ordens in Bad Mergentheim gesehen hat, wird es keinesfalls versäumen wollen, das Original in Radzyń Chełmiński (Rehden), 193 km, anzuschauen. Und auch für

Burg Rehden

jeden »Neuling« in Sachen Deutschordensburgen ist Rehden ein lohnendes Ziel. Die ****Burg Rehden** ist eine der ganz wenigen Deutschordensburgen, die niemals umgebaut wurden, sie vermittelt selbst als Ruine ein authentisches Bild ihrer ursprünglichen Gestalt. Und in ihrer vollkommenen Symmetrie ist sie ein architektonisches Meisterwerk.

Das Haupthaus bildet ein von einer zusätzlichen Wehrmauer umgebenes Quadrat mit vier Flügeln, vier Ecktürmen und einem Bergfried in der Nordwestecke des Hofes. Im ersten Stock lagen die Repräsentationsräume: die Kapelle, in der es eine sehenswerte Fotoausstellung sämtlicher Deutschordensburgen zu bewundern gibt, Remter (Speisesaal), Kapitelsaal und Dormitorium (Schlafraum); Besichtigung Mai–Sept. tgl. 9–20 Uhr, Okt.–April Di–Do 7–15, Sa, So 9 bis 17 Uhr).

Die Fassade, mit einem Muster aus diagonal geführten, schwarz gebrannten Backsteinen überzogen, wirkt wuchtig und elegant zugleich.

Pod Jaszczurem, ul. Grudziądzka 11, Tel. 0 56/6 88 60 41, Fax 6 88 60 44 Direkt am Fuß der Burg gelegen; seit dem Umbau 1995 ist das Hotel empfehlenswert. ❍

7

Seite 82

In Kulm (Chełmno)

Auf dem Marktplatz von Kulm (Chełmno)

Świecie und **Chełmno

Auf der anderen Weichsel-Seite liegt Świecie ㊾ (Schwetz; 27 000 Einw.), 240 km. 1309 eroberte der Deutsche Orden den Ort und errichtete eine Burg. Die Stadt verlegte man im 19. Jh. an das hohe Weichsel-Ufer, um sie vor den häufigen Überschwemmungen zu schützen. Die Ordensburg im Flusstal ist heute eine stattliche Ruine mit rundem Bergfried. Durch die Löcher in der Bekrönung des Turms wurde heißes Pech auf etwaige feindliche Angreifer gegossen.

7

Seite 82

Schon von Schwetz aus ist die Silhouette des hoch am Weichsel-Ufer gelegenen ****Chełmno** ㊿ (Kulm; 22 000 Einw.), 247 km, zu sehen. Viele mittelalterliche Kirchen und die massiven Stadtmauern lassen erahnen, dass es in der Stadt in den vergangenen Jahrhunderten keineswegs so verschlafen zuging wie heute. Sie war schließlich eine der frühesten (1233) und wichtigsten Städte des Ordenslandes Preußen: Die Kulmer Stadtrechte hatten Vorbildcharakter für unzählige Stadtgründungen des Landes.

Am Marktplatz des hübschen Provinzstädtchens begeistert das *Rathaus (2. Hälfte des 16. Jhs.) in der für Zentral- und Südpolen (Posen) typischen Bauweise. Die der antiken Proportionenlehre widersprechende Gliederung trägt manieristische Züge. Die Verzierungen werden nach oben hin reicher, wodurch dieser Teil optisch schwerer wirkt – normalerweise verfährt man umgekehrt.

Unter den fünf gotischen Kirchen der Stadt ist die *Pfarrkirche (direkt am Markt, um 1300) hervorzuheben. Der fein gegliederte Turm und die quergestellten Dächer der Seitenschiffe verleihen dem Bau eine markante Silhouette. Im Innenraum mit einem schlichten Kreuzgewölbe beachte man die gotischen Fresken im Chor sowie die elf Apostelfiguren, die an den Pfeilern stehen.

Levins Mühle (Fischer Verlag), ein Roman des etwas in Vergessenheit geratenen DDR-Autors Johannes Bobrowski (1917–1965) spielt am Ausgang des Ersten Weltkrieges. Der naturalistische Roman schildert das schwierige Zusammenleben der Deutschen, Polen und Juden in einem Dorf des Kulmerlandes.

Von Kulm bis Toruń (51) sind es dann noch 48 km.

Infos von A–Z

Ärztliche Versorgung

Rettungsdienst: Tel. 999. Bei Notfällen wird man im Krankenhaus sofort behandelt und muss dies bar bezahlen. Da die gesetzlichen Krankenversicherungen die Behandlungskosten nicht erstatten, ist der Abschluss einer Reisekrankenversicherung ratsam.

Medikamente bekommt man in der *Apteka* (Öffnungszeiten: 10 bis 19 Uhr; eine Notfallapotheke ist an der Tür jeder Apotheke ausgewiesen). Wenn Sie regelmäßig bestimmte Medikamente brauchen, nehmen Sie diese sicherheitshalber von zu Hause mit.

Devisenbestimmungen

Die Ein- und Ausfuhr polnischer Złoty ist nicht gestattet, konvertierbare Fremdwährungen unterliegen keiner Beschränkung (Ausfuhr nicht höher als Einfuhr). Seit 1999 wird Touristen an der Grenze die Mehrwertsteuer erstattet (gegen Quittung).

Diplomatische Vertretungen

- **Botschaften und Konsulate der Republik Polen in Deutschland:** Polnische Botschaft, Lassenstr. 19-21, 14193 Berlin, Tel. 0 30/ 22 31 30, Fax 22 31 31 55, www.botschaft-polen.de; Konsularabteilung: Richard-Strauss-Str. 11, 14193 Berlin, Tel. 0 30/ 22 31 32 05, Fax 22 31 32 12. Generalkonsulate: Trufanowstr. 25, 04155 Leipzig, Tel. 03 41/5 62 33 00, Fax 5 62 33 33; Ismaninger Str. 62 a, 81675 München, Tel. 0 89/4 18 60 80, Fax 47 13 18; Gründgensstr. 20, 22309 Hamburg, Tel. 0 40/6 32 50 29, 6 31 11 81, Fax 6 32 50 30; Leyboldstr. 74, 50968 Köln, Tel. 02 21/93 73 00, Fax 38 25 35.
- **In Österreich:** Botschaft mit Konsularabteilung, Hietzinger Hauptstraße 42 c, 1130 Wien, Tel. 01/8 77 74 44, Fax 8 77 74 44-222, www.brh-gov-pl.or.at.
- **In der Schweiz:** Botschaft mit Konsularabteilung, Elfenstr. 20a, 3006 Bern, Tel. 0 31/3 52 04 52, Fax 3 53 34 16.

Diplomatische Vertretungen in Polen:

- **Deutsche Botschaft:** 03932 Warszawa-Saska Kępa (Warschau), ul. Dąbrowiecka 30, Tel. 0 22/6 17 30 11, Fax 6 17 35 82. Generalkonsulate: 80219 Gdańsk-Wrzeszcz (Danzig), al. Zwycięstwa 23, Tel. 0 58/3 41 80 44 oder 3 41 43 66, Fax 3 41 60 14.
- **Österreichische Botschaft:** 00748 Warszawa (Warschau), ul. Gagarina 34, Tel. 0 22/8 41 00 81/ -82/-83/-84, Fax 8 41 00 85.
- **Schweizer Botschaft:** 00540 Warszawa (Warschau), al. Ujazdowskie 27, Tel. 0 22/6 28 04 81, Fax 6 21 05 48.

Ein- und Ausreise

Deutsche, Österreicher und Schweizer benötigen für einen Polenaufenthalt bis zu drei Monaten kein Visum. Der Pass muss aber noch mindestens sechs Monate gültig sein.

Feiertage

Die katholischen Feiertage, Weihnachten, Ostermontag, Fronleichnam, Mariä Himmelfahrt (15. Aug.) und Allerheiligen (1. Nov.) sowie Neujahr, 1. Mai, 3. Mai (Tag der Verfassung von 1791) und der 11. November (Jahrestag der Wiedererlangung der Unabhängigkeit 1918), sind arbeitsfreie Tage.

Fotografieren

Wollen Sie fotografieren, fragen Sie »Czy mogę zrobić zdjęcie?«– Sie werden fast immer die Erlaubnis bekommen. Militärische Einrichtungen,

Bahnhöfe oder größere Brücken dürfen nicht fotografiert werden. Film- und Fotomaterial der bekannten Marken bekommt man fast überall; die Preise dafür sind jedoch höher als in Deutschland.

Haustiere

Für Haustiere ist ein Impfpass mit gültiger Tollwutimpfung vorzulegen (mindestens drei Wochen, höchstens zwölf Monate alt). Außerdem ist eine amtstierärztliche Gesundheitsbescheinigung notwendig. Die meisten Hotels akzeptieren Hunde gegen einen Aufpreis.

Informationen

Detaillierte Informationen für die Planung Ihrer Reise erhalten Sie beim **Polnischen Fremdenverkehrsamt:**

- 10787 Berlin, Marburger Str. 1, Tel. 0 30/2 10 09 20, Fax 21 00 92 14, www.polen-info.de.
- 1070 Wien, Mariahilferstr. 32-34, Tel. 01/5 24 71 91 12, Fax 5 24 71 91 20.

Über Flugverbindungen informieren die Büros der **Fluggesellschaft LOT** (www.lot.com.pl):

- Frankfurt/M., Flughafen, Terminal 2, Gebäude 149, Tel. 0 69/24 00 10 10, Fax 24 00 10 29, Auskunft / Buchung bundesweit: Tel. 01 80 3 00 03 46.
- 1010 Wien, Rotenturmstr. 5/9, Tel. 01/5 33 12 12, Fax 5 35 52 73, Auskunft / Buchung in Österreich: Tel. 01/96 00 74 50, Fax 96 00 74 60.
- 8001 Zürich, Hirschgraben 84, Tel. 01/2 58 32 80, -81, Fax 2 58 32 82, Auskunft / Buchung in der Schweiz: Tel. 08 48 80 0-501, -601, -701.

In Polen selbst bekommen Sie Auskünfte in den Orbis-Büros, den besseren Hotels oder bei den Touristeninformationen, die mit dem Zeichen »it« gekennzeichnet sind.

Kriminalität

Die drastisch angestiegene Kriminalitätsrate ist eines der größten Probleme Polens. Auch wenn Raubüberfälle selten vorkommen, ist in der Nähe großer, von Ausländern frequentierter Hotels Vorsicht geboten. Größere Bargeldsummen können im Hotelsafe deponiert werden; teuren Schmuck lässt man am besten zu Hause. Der Abschluss einer Reisegepäckversicherung kann nicht schaden. Geben Sie durch entsprechende Vorkehrungen und Verhaltensweisen Taschen- und Autodieben keine Chance.

Notruf

- Polizeinotruf: Tel. 9 97;
- Feuerwehr: Tel. 9 98;
- Krankenwagen: Tel. 9 99;
- Pannenhilfe: Tel. 9 81.
- Radiosuchruf (wird auch in den Sprachen der Gesuchten ausgestrahlt): im Programm »Sommer mit Rundfunk« (»Lato z Radiem«; Juni-Sept. 9–11 Uhr), Tel. 0 22/8 45 92 77.

Öffnungszeiten

Generell gelten folgende Zeiten: Lebensmittelgeschäfte Mo–Fr 6 bis 19 Uhr, einige länger; sonstige Geschäfte 11–18 oder 19 Uhr; Banken 8–18 Uhr; Wechselstuben 9–19 Uhr (auch Sa 10–14 Uhr), einige durchgehend, z. B. im Danziger Hauptbahnhof; Ämter und Behörden 8–15 Uhr.

Post

Briefmarken sind in allen Postämtern und an den meisten Kiosken (*Ruch*) erhältlich (Briefe nach Europa 1,40 zł, Postkarte 1 zł). Es stehen grüne (Ortsgebiet) und rote (andere Orte) Briefkästen zur Verfügung. Hauptpostämter sind Mo–Fr von 8–20 Uhr geöffnet. Postkarten und Briefe nach Deutschland kommen nach rund einer Woche an.

Radio
Die Deutsche Welle ist auf Kurzwelle (6075 und 3995 KHz) zu empfangen.

Souvenirs
Zu den schönsten Mitbringseln gehören Erzeugnisse der traditionellen Volkskunst – Schnitzereien, bestickte Leinendeckchen, Keramikgegenstände u. a.

In Danzig gibt es hübschen Bernsteinschmuck, z. B. in den kleinen Geschäften an der ul. Mariacka hinter der Marienkirche. Auf den Flohmärkten (pchli targ; in Danzig: Jarmark Dominikański, nur im August) und in den sog. Desa-Geschäften, die sich auf Antiquitäten spezialisiert haben, ist zuweilen noch Qualitätsvolles zu finden (s. auch »Zollbestimmungen«).

Außer interessanten Beispielen moderner Kunst zu erschwinglichen Preisen können auch Bücher – einige Kunstbände sogar auf Deutsch oder Englisch – schöne Souvenirs sein.

Telefon
Telefonkarten (Eckchen abreißen) verkaufen die Postämter.

Inlandsauskunft: 9 11 (9 13 wenn im gleichen Ort). Die wichtigsten Vorwahlnummern: Warschau 0 22, Danzig 0 58, Stettin 0 91. Deutschland erreicht man über die 00 49, gefolgt von der deutschen Ortsvorwahl ohne die Null; Österreich hat die Nummer 00 43 und die Schweiz 00 41. Aus Deutschland nach Polen wählt man 00 48.

Seit 2001 muss man bei allen Ferngesprächen innerhalb Polens die Vorwahl einer der beiden Telefongesellschaften des Landes mitwählen. Sie bieten verschiedene Tarife; Touristen müssen sich damit jedoch nicht auseinandersetzen. Wählen Sie einfach vor jeder Nummer 01 04 oder 0 10 33 und dann die Ortsvorwahl ohne die Null.

Trinkgelder
Die Preise beinhalten üblicherweise ein Bedienungsgeld. In den Restaurants werden aber etwa 5–10 % des Rechnungsbetrags als Anerkennung für guten Service erwartet . Auch Zimmermädchen und Taxifahrer hoffen auf ein Trinkgeld.

Währung und Geldwechsel
Złoty kann man überall im Land in Wechselstuben (Kantor) bekommen. Man sollte aber nie auf der Straße Geld tauschen! Derzeit bekommt man für 1 € 3,6 zł, für 1 CHF 2,45 zł.

Kreditkarten der gängigen Institute haben sich bereits in den meisten Hotels, den besseren Restaurants und einigen Geschäften durchgesetzt. In allen größeren Städten und in Feriengebieten gibt es Geldautomaten.

Zeit
MEZ, also kein Zeitunterschied zu Deutschland.

Zeitungen
Deutsche Zeitungen bekommt man in den Feriengebieten in größeren Hotels und an den Bahnhöfen in den Städten.

Zollbestimmungen
Eingeführt werden dürfen Geschenke, die einen Wert von 200 US-$ nicht übersteigen, zwei Fotoapparate und eine Videokamera. Nur mit Genehmigung dürfen Waffen (s. S. 27) ein- und Antiquitäten ausgeführt werden. Die Erlaubnis ist im Nationalmuseum in Warschau oder beim Denkmalamt der jeweiligen Woiwodschaft, wojewódzki konserwator zabytków, erhältlich.

Die wichtigsten Zollfreigrenzen bei der Wiedereinreise sind für Deutschland, Österreich und die Schweiz: 200 Zigaretten, 1 l hochprozentiger Alkohol oder 2 l Wein, Geschenke bis zum Gesamtwert von 175 € bzw. 200 sfr.

Langenscheidt Mini-Dolmetscher Polnisch

Allgemeines

Guten Morgen.	Dzień dobry. [dschjen‿**do**brih]
Guten Abend.	Dobry wieczór. [**do**brih‿**wje**tschur]
Hallo!	Cześć! [tscheschtsch]
Wie geht's?	Co słychać? [zo‿**swi**chatsch]
Danke, gut.	Dziękuję, dobrze. [dschiẽ**ku**jẽ **do**bsehe]
Ich heiße ...	Nazywam się ... [na**si**wam‿schjẽ]
Auf Wiedersehen.	Do widzenia. [do‿wi**dsen**ja]
Morgen	rano [**ra**no]
Nachmittag	popołudniu [popo**wud**niu]
Abend	wieczór [**wje**tschur]
Nacht	noc [noz]
morgen	jutro [**ju**tro]
heute	dzisiaj [**dschi**schaj]
gestern	wczoraj [**ftscho**raj]
Sprechen Sie Deutsch / Englisch?	Czy pan (m.) / **pa**ni (w.) mówi po niemiecku / angielsku? [tschih‿pan / pani **mu**wi po nje**mje**zku / an**gjel**sku]
Wie bitte?	Słucham? [ß**wu**cham]
Ich verstehe nicht.	Nie rozumiem. [nje‿ro**su**mjem]
Sagen Sie es bitte noch einmal.	Proszę powtórzyć jeszcze raz. [**pro**schẽ pof**tu**sehihtsch **jesch**tsche ras]
..., bitte.	..., proszę. [**pro**schẽ]
Danke.	Dziękuję. [dschiẽ**ku**jnẽ]
Keine Ursache.	Nie ma za co. [nje‿ma‿sa‿zo]
was / wer / welcher	co / kto / jaki [zo / kto / **ja**ki]
wo / wohin	gdzie / dokąd [gdschje / **do**kãd]
wie / wie viel	jak / ile [jak / ile]
wann / wie lange	kiedy / jak długo [**kje**dih / jak **dwu**go]
Wie heißt das?	Jak to się nazywa? [jak‿to‿schjẽ‿na**si**wa]
Wo ist ...?	Gdzie jest ...? [gdschje jest]
Können Sie mir helfen?	Czy może mi pan (m.) / pani (w.) pomóc? [tschih **mo**sehe mi pan / **pa**ni **po**muz]
ja	tak [tak]
nein	nie [nje]
Entschuldigen Sie.	Przepraszam. [psche**pra**scham]
Das macht nichts.	Nie szkodzi. [nje‿**schko**dschi]

Sightseeing

Gibt es hier eine Touristeninformation?	Czy jest tutaj informacja turystyczna? [tschih jest **tu**taj infor**maz**ja turihs**tihtsch**na]
Haben Sie einen Stadtplan / ein Hotelverzeichnis?	Czy ma pan (m.) / pani (w.) plan miasta / spis hoteli? [tschih‿ma‿pan / **pa**ni plan **mias**ta / spis ho**te**li]
Wann ist ... geöffnet / geschlossen?	Kiedy ... jest otwarty / zamknięty? [**kje**dih ... jest ot**far**tih / sam**knjẽ**tih]
das Museum	muzeum [mu**se**um]
die Kirche	kościół [**kosch**tschuw]
die Ausstellung	wystawa [wih**sta**wa]

Shopping

Wo gibt es ...?	Gdzie można kupić ...? [gdschje **moseh**na **ku**pitsch]
Wie viel kostet das?	Ile kosztuje? [**i**le kosch**tu**je]
Das ist zu teuer.	To jest za drogie. [to jest sa‿**dro**gje]
Das gefällt mir (nicht).	(Nie) podoba mi się. [(nje) po**do**ba mi‿schjẽ]
Gibt es das in einer anderen Farbe / Größe?	Czy jest to w innym kolorze/ rozmiarze? [tschih jest to w in·nihm ko**lo**sehe/ ros**mia**sehe]
Ich nehme es.	Ja to wezmę. [ja‿to‿**wes**mẽ]
Wo ist eine Bank?	Gdzie jest bank? [gdschje‿jest‿bank]
Geben Sie mir 100 g Käse / zwei Kilo Orangen, bitte.	Proszę o sto gramów sera żółtego / dwa kilo pomarańczy. [**pro**schẽ‿o‿sto‿**gra**muf ßera sehuw**te**go / dwa **ki**lo poma**ran**tschih]
Haben Sie deutsche Zeitungen?	Czy ma pan (m.) / pani (w.) niemiecką gazetę? [tschih‿ma‿pan / **pa**ni nje**mje**zkã ga**se**tẽ]
Wo kann ich telefonieren / eine Telefonkarte kaufen?	Gdzie mogę zatelefonować / kupić kartę telefoniczną? [gdschje **mo**gẽ satelefo**no**watsch / **ku**pitsch **kar**tẽ telefo**nitsch**nã]

Notfälle

Ich brauche einen Arzt / Zahnarzt.	Potrzebuję lekarza / dentysty. [potsehe**bu**jẽ le**ka**seha / den**tihs**tih]

Rufen Sie bitte einen Kranken-wagen / die Polizei.	Proszę wezwać pogotowie ratunkowe / policję. [**pro**schẽ **wes**watsch pogo**to**wje ratun**ko**we / po**li**zjẽ]
Wir hatten einen Unfall.	Mieliśmy wypadek. [mje**lisch**mih wih**pa**dek]
Wo ist das nächste Polizeirevier?	Gdzie jest najbliższy komisariat policji? [gdschje jest naj**bli~~seh~~**schih komi**sa**riat po**li**zji]
Ich bin bestohlen worden.	Zostałem okradziony. [so**sta**wem okra**dschio**nih]
Mein Auto ist aufgebrochen worden.	Włamano się do mojego samochodu. [wwa**ma**no schjẽ do mo**je**go ßamo**cho**du]

Essen und Trinken

Die Speisekarte, bitte.	Proszę o jadłospis. [**pro**schẽ o‿jad**wos**pis]
Brot	chleb [chlep]
Kaffee	kawa [**ka**wa]
Tee	herbata [cher**ba**ta]
mit Milch / Zucker	z mlekiem / cukrem [s‿**mle**kjem / **zu**krem]
Orangensaft	sok pomarańczowy [sok‿pomaran**tscho**wih]
Mehr Kaffee, bitte.	Proszę o więcej kawy. [**pro**schẽ‿o‿**wjẽ**zej‿**ka**wih]
Suppe	zupa [**su**pa]
Fisch / Meeresfrüchte	ryba / frutti di mare [**rih**ba / **fru**ti‿di‿**ma**re]
Fleisch / Geflügel	mięso / drób [**miẽ**so / drub]
Beilage(n)	dodatki [do**dat**ki]
vegetarische Gerichte	potrawy wegetariańskie [po**tra**wih wegeta**rjan**skje]
Eier	jaja [**ja**ja]
Salat	sałata [ßa**wa**ta]
Dessert	deser [**de**ßer]
Obst	owoce [o**wo**ze]
Eis	lody [**lo**dih]
Wein	wino [**wi**no]
weiß / rot / rosé	białe / czerwone / różowe [**bia**we / tscher**wo**ne / ru**~~seh~~o**we]
Bier	piwo [**pi**wo]
Aperitif	aperitif [ape**ri**tif]
Wasser	woda [**wo**da]
Mineralwasser	woda mineralna [**wo**da mine**ral**na]
mit / ohne Kohlensäure	gazowana / nie gazowana [gaso**wa**na / nje‿gaso**wa**na]
Limonade	oranżada [oran**~~seh~~a**da]
Frühstück	śniadanie [schnja**da**nje]
Mittagessen	obiad [**o**biad]
Abendessen	kolacja [ko**la**zja]

Ich möchte bezahlen.	Chciałbym zapłacić. [ch**tschaw**bim sap**wa**tschitsch]
Es war sehr gut / nicht so gut.	(Nie) bardzo mi smakowało. [(nje) **bar**dso‿mi ßmako**wa**wo]

Im Hotel

Ich suche ein gutes / ein nicht zu teures Hotel.	Szukam dobrego / nie za drogiego hotelu. [**schu**kam do**bre**go / nje sa dro**gje**go ho**te**lu]
Ich habe ein Zimmer reserviert.	Zarezerwowałem tutaj pokój. [sareserwo**wa**wem **tu**taj **po**kuj]
Ich suche ein Zimmer für ... Personen.	Szukam pokoju dla ... osób. [**schu**kam po**ko**ju dla ... **o**sup]
Mit Dusche und Toilette.	Z prysznicem i toaletą. [s‿prihsch**ni**zem i toa**le**tã]
Mit Balkon.	Z balkonem. [s‿bal**ko**nem]
Mit Blick aufs Meer / Blick auf den See.	Z widokiem na morze / z widokiem na jezioro. [s‿wi**do**kjem na **mo~~seh~~**e / s‿wi**do**kjem na je**~~seh~~io**ro]
Wie viel kostet das Zimmer pro Nacht?	Ile kosztuje pokój na dobę? [**i**le kosch**tu**je **po**kuj na **do**bẽ]
Mit Frühstück?	Ze śniadaniem? [se‿schnia**da**njem]
Kann ich das Zimmer sehen?	Czy mogę obejrzeć pokój? [tschih **mo**gẽ o**bej~~seh~~**etsch **po**kuj]
Haben Sie ein anderes Zimmer?	Czy ma pan (m.) / pani (w.) inny pokój? [tschih ma pan / **pa**ni in·nih **po**kuj]
Das Zimmer gefällt mir (nicht).	Ten pokój mi się (nie) podoba. [ten **po**kuj mi schjẽ (nje) po**do**ba]
Kann ich mit Kreditkarte bezahlen?	Czy mogę zapłacić kartą kredytową? [tschih **mo**gẽ sap**wa**tschitsch **kar**tã kredih**to**wã]
Wo kann ich parken?	Gdzie mogę zaparkować? [gdschje **mo**gẽ sapar**ko**watsch]
Können Sie das Gepäck in mein Zimmer bringen?	Czy może pan / pani przynieść bagaż do pokoju? [tschih **mo~~seh~~**e mi pan / **pa**ni **pschih**njeschtsch **ba**ga~~seh~~ do po**ko**ju]
Haben Sie einen Platz für ein Zelt / einen Wohnwagen?	Czy jest miejsce na namiot / przyczepę kempingową? [tschih jest **mjej**sze na **na**miot / p~~seh~~ih**tsche**pẽ kempin**go**wã]
Wir brauchen Strom / Wasser.	Potrzebujemy prądu / wody. [pot~~seh~~e**bu**jemih **prã**du / **wo**dih]

Orts- und Sachregister

Personenregister